FOR BEGINNERS
北一輝の革命

天皇の国家と対決し「日本改造」を謀った男

松本健一

イラストレーション
ふなびき かずこ

現代書館

本書付録CDについて

本書の付録CDの内容は以下の通りです。

CDは四つのトラックに分かれた内容が収録されています。
 1、北一輝と蹶起軍将校・安藤輝三との電話通信傍受記録。
 2、北一輝がエスペラントを公用語にするとした本義について。
 3、北一輝の北京密航についての新発見事実について。
 4、上記1の電話通信傍受記録の真贋について。

以上、1は北一輝の実声、
2・3・4については著者松本健一氏の話が収録されております。

本文中の◯は、付録CDに関連の話があるところです。

FOR BEGINNERS 103
北一輝の革命［目次］

付録CDの内容……………2
北一輝年表……………6

I 北一輝・革命思想の核心

日本のナショナリズム……………7
福沢諭吉の西郷論……………10
北一輝の西郷評価……………13
民主革命としての明治維新評価……………14
「万世一系」の国体論を徹底批判……………15
ナショナルな民主主義革命……………16
北一輝の天皇機関説……………18
二・二六事件は軍国主義の始まりを意味するか………21
国民主義──国体論批判……………26
国家主義──「国家の権利」としての戦争……………28
国民軍という思想……………31
国民＝国家の思想……………34
「対支21箇条の要求」への批判……………37
「日本自らの革命」を……………40
日米戦争に反対……………42
日米戦争は世界戦争になる、と……………44
北一輝のリアリズム……………47
軍隊改造運動……………52
大川の五・一五事件と北の二・二六事件……………56
天皇機関説を国民革命に使う……………59

II その思想的遍歴

明治の佐渡……………62
内村鑑三の影響……………66
石塚照(卓堂)と長谷川清(楽天)……………70
日露戦争前後の東京……………72
『教育勅語』への批判……………74
「自殺と暗殺」……………77
大逆事件の予告……………80
辛亥革命への自己投入……………84
軍事クーデターによる革命……………86
『支那革命外史』から『日本改造法案大綱』へ……………88

III 国家改造運動へ

猶存社の三尊……………92
朝日平吾の安田善次郎暗殺……………94
「魔王」北一輝……………99
猶存社の三尊(2)……………103
北の友人、中野正剛のこと……………104
自覚的なアジア主義者……………106
孫文の「大アジア主義」……………108

IV 二・二六事件と北

昭和史のただなかで……………112
昭和のテロリズム……………116
皇道派と統制派……………119
相沢三郎中佐の永田鉄山刺殺……………122
二・二六事件まで……………125
安藤輝三の決断……………129
北一輝の『霊告日記』……………131
北の関与……………135
北は思想的指導者だったか……………138
北は「しまった」、と……………140
政治的人間としての石原莞爾……………141

V 北一輝　革命の敗北

昭和天皇と北一輝の対決……………144
昭和11年2月26日の当日……………148
2月28日、最後の『霊告日記』……………152
磯部浅一のルサンチマンと三島由紀夫……………154
軍事裁判における北一輝……………156
斉藤隆夫の二・二六事件批判……………160
北と西田の死刑判決……………164
ロマン主義的革命家の精神……………167
「天皇陛下万歳」を唱えず……………169
若殿に兜とられて敗け戦……………173

北一輝と蹶起軍将校との交信内容……………174

北一輝年表

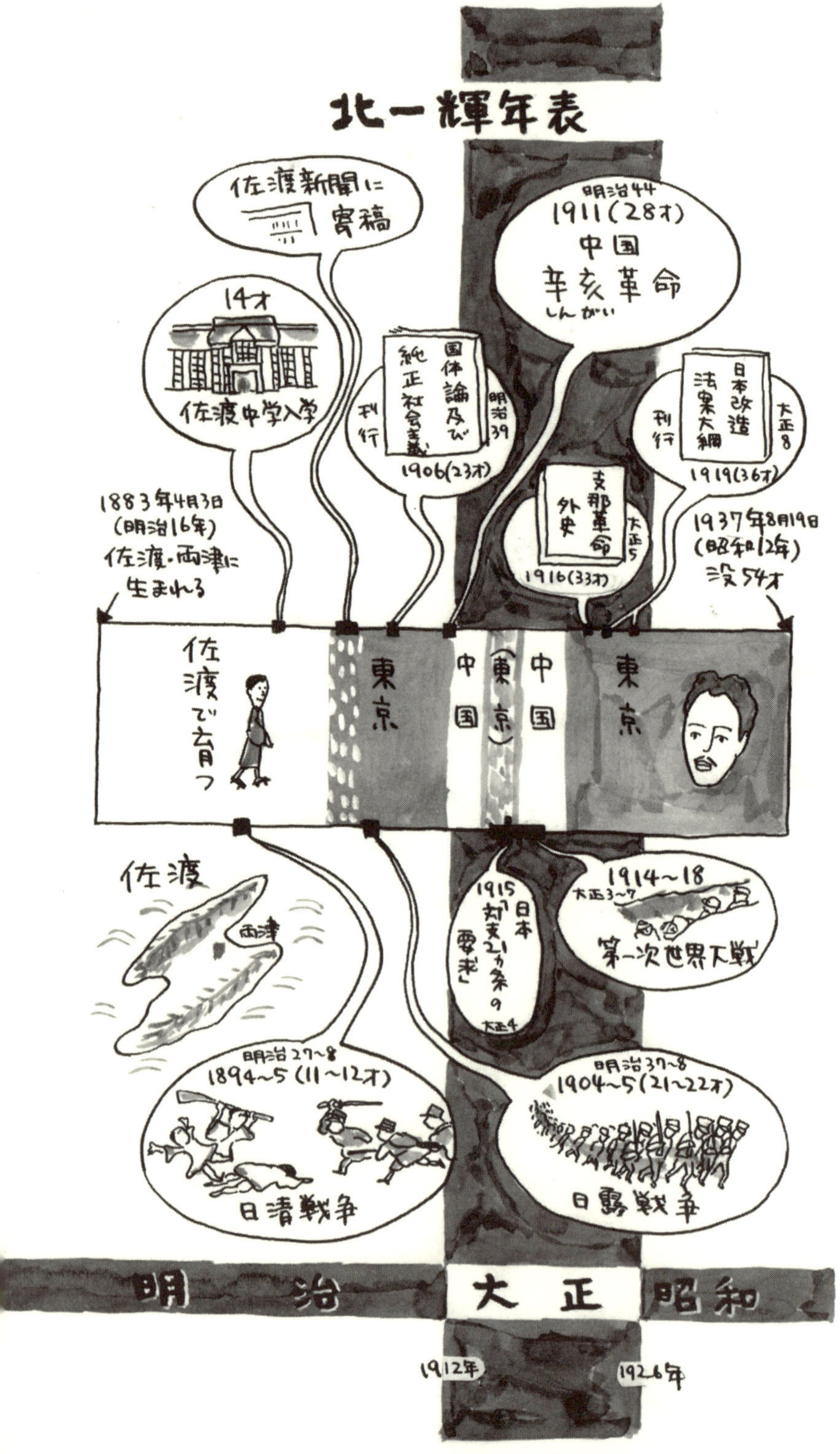

佐渡新聞に寄稿
14才
佐渡中学入学
明治44
1911(28才)
中国
辛亥革命
しんがい
国体論及び純正社会主義
刊行
明治39
1906(23才)
日本改造法案大綱
刊行
大正8
1919(36才)
支那革命外史
大正5
1916(33才)
1883年4月3日
(明治16年)
佐渡・両津に
生まれる
1937年8月19日
(昭和12年)
没54才
佐渡で育つ
東京
中国
(東京)
中国
東京
佐渡
両津
1915
日本
「対支21ヵ条の要求」
大正4
1914～18
大正3～7
第一次世界大戦
明治27～8
1894～5(11～12才)
日清戦争
明治37～8
1904～5(21～22才)
日露戦争
明治
大正
昭和
1912年
1926年

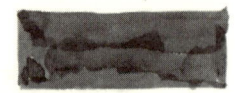

I
北一輝・革命思想の核心

日本のナショナリズム

　北一輝は
「太陽に向かって矢を番(つが)ふ者は日本其者(そのもの)と雖(いえど)も天の許さざるところなり」
　といった。
　大正5(1916)年に刊行した『支那革命外史』のなかの一節である。これは、日本の中国に対する帝国主義的政策であった「対支21箇条の要求」にむけた、北のラジカルな日本批判にほかならない。北はナショナリストであるが、その思想的核心は、かれ自身が一個の自立した「ネーション」である。というところにあった。
　では、ナショナリズムとは何か、日本のナショナリズムをどう定義するのか。

ナショナリズム (Nationalism) という英語を使っていること自体、すでに多義性を含んでいる。その日本語訳とすれば、民族主義、国家主義、国民主義があり、さらに国粋主義と訳すこともできる。そもそもネーション (Nation) という言葉自体が、近代に生まれた、民族、国家、国民のいずれをも意味する歴史的概念なのである。
　民族意識ということだけをとれば、古代日本にも、ある種の民族主義はあった。
　かつて、強大な先進文明であった中華王朝の前で、日本は自らをヤマトと名乗った。
　5世紀に成立した『後漢書』をはじめ、『旧唐書』などでも、それが「倭」という字で記された。この字の本来の意味は「チビ」である。収穫物を担いで、もしくは頭に乗せて運ぶ人間の女を表現しており、重い荷物のために膝が曲がる、背が縮む、結果として「チビ」になる。その「雅ならざる」(『旧唐書』) 言葉で自らの国を記されたヤマトは、これを改めたいとして、「日辺にある国」、「日のもとにある国」を意味する「日本」という国号を採用することにし、これが中華王朝に認められた経緯がある。
　つまり、日本人が「雅ならざる」名を与えられたことを屈辱と考え、民族的な誇りあるいは国家的自立心を持ったということは、ある意味ではナショナリズムととらえることが可能かもしれない。しかし、それは民族意識の目ざめとはいえるかもしれないが、近代のナショナリズムと同義ではない。

なぜならば、一つの民族が、独立した国家を持ち、その国の体制は国民主権であろうとすることが、ナショナリズムの基本形態であるからだ。そこでは民族、国家、国民が重なった歴史的な概念として現れてくる。
　それゆえ、ナショナリズムにおいては、そのネーションが置かれた歴史過程に応じて、民族主義が強く出てくる場合もあれば、国家主義、国民主義が強く出てくることもある。
　北一輝の思想をナショナリズムととらえたところで、それは多義性を持っていて、彼の思想的核心を厳密に把握したことにはならない。
　例えば、右翼はナショナリズム、左翼はマルクス主義＝反天皇制ととらえるようなイデオロギー的対立構図にあっては、北一輝は右翼的要素も持っているが、右翼を大きく超えるような、いってみれば国民主義を強調する側面を持っている。一方、国体論に対する激しい批判や社会主義思想の導入において、北は左翼に近くなる。つまり、北は右翼か左翼か、という対立構図からは、大きく外れるのだ。

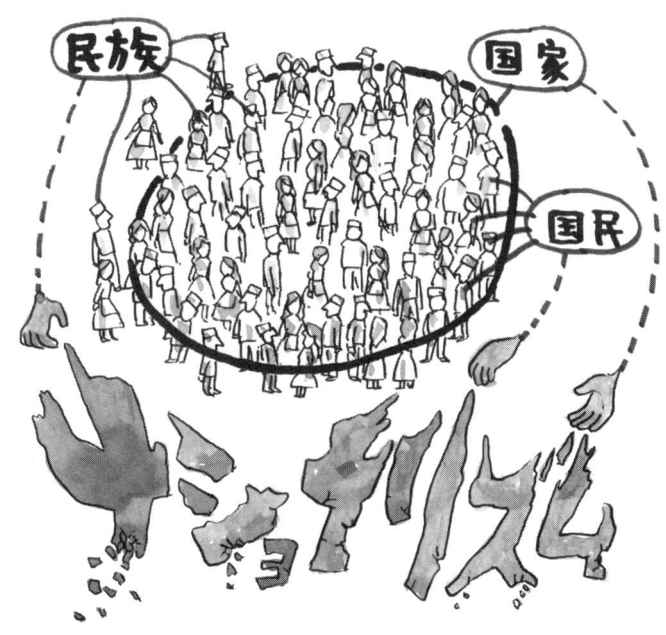

福沢諭吉の西郷論

　日本における近代的ナショナリズムの内容を規定するために、より具体的な例を挙げてみよう。

　福沢諭吉は、脱亜＝欧化主義、「文明開化」のイデオローグである。しかし、彼はなぜ近代日本が文明化をしなければならないと主張したのか。それは、独立のためである。独立を守るために、西洋文明を導入しなければならない、といったのである。日本が国家として独立を守る、という意味でいえば、福沢諭吉もナショナリストといってよい。

　福沢諭吉は、西南戦争、さらにはこれを起こした西郷隆盛をどう評価すべきかを、西南戦争の直後に執筆した「明治十年　丁丑公論」で明らかにしている。当時の明治政府の側から見れば、西郷は賊軍ということに決まっていた。ここで、福沢は問う。では、西郷は天皇に反逆したのか。いや、そうではない。西郷は尊王心があつく、明治天皇は西郷をもっとも信頼していた。では、国家を壊滅させようとしたのか。いや、むしろ国家を救おうという考えの下に行

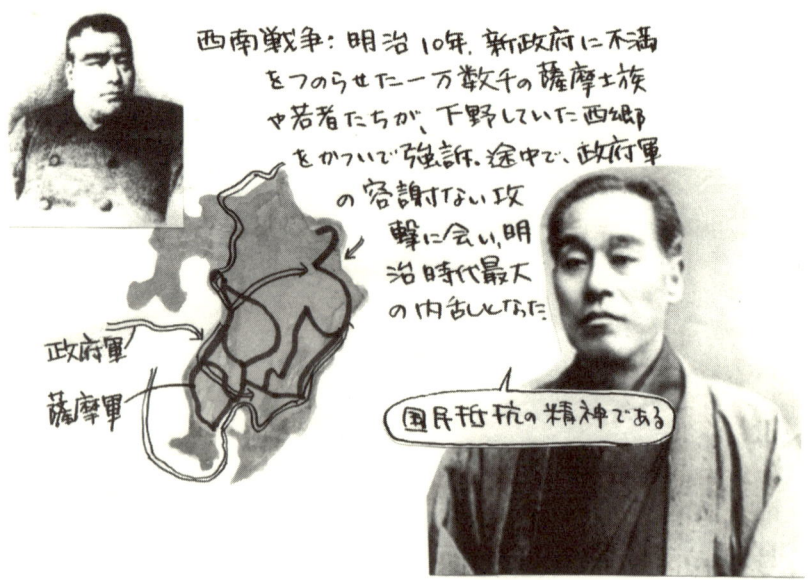

動した。「文明」に関しても、西郷は廃藩置県をはじめとして、近代化を推しすすめたのだ。そのこともあって福沢は、西郷を賊徒ということはできないと考えた。

　では、その挙兵をどのように理解したらよいのか、という点については、それは「国民抵抗の精神」であると肯定している。西郷の行動は、むろん、福沢自身の闘い方とは違う。西郷は武器をもって立ちあがったが、自分は言論で闘う。慶応義塾のシンボルとなっている、ペンの力で闘うということである。

　その闘い方の違いはあるが、西郷が蹶起しなければならなかったのは、政府の方針に抵抗したもので、日本という国（ネーション）にとってその「抵抗」はよいことだと、福沢は述べている。「国民（ネーション）抵抗の精神」であるという福沢の主張をテーゼとして表わせば、「一身独立して、一国独立す」となるだろう。一人びとりの国民（ネーション）が精神的に自立するということを、一身独立といっている。そのような基礎がなければ、国家（ネーション）は独立できない。国の独立のためには、国民が自立していなければダメなのだというのが、福沢の言わんとするところだ。その自立、精神的な独立を体現して政府に「抵抗」したのが西郷の挙兵である、というのが、「丁丑公論」の論旨だった。

国民の自立がなければ、近代国家とはいえない。一国の独立と、国民の自立、あるいは国民意識の覚醒。つまりナショナリズムというのは、民族・国家・国民を繋ぎ合わせた近代の概念だ、そこで西郷隆盛を評価する。政府の行き方とは方向が違うだけで、西郷の抵抗こそが国家を支えるという意識を持ち、尊王精神さえ強く持っている。新しい日本の全部を西洋化させてしまうのは、民族の独立という方向性を示しているとはいえないのではないか、と福沢は論じているわけだ。
　一つの民族が独立した国家を持ち、その国の体制が国民主権であるというナショナリズムの精神によって、福沢諭吉が西郷隆盛を評価している、ということになる。その「丁丑公論」の内容は、国家主義というより、国民主義のナショナリズムに近いかもしれない。

北一輝の西郷評価

　北一輝をナショナリスト、あるいはナショナリズムの精神において評価することは、福沢諭吉が「丁丑公論」で西郷隆盛を評価した論点に非常に近いものといってよい。

　北一輝は戦後、右翼あるいはウルトラナショナリストと評され、さらには二・二六事件という軍事クーデターの首謀者であるとして極右あるいは暴力主義者とさえ評価されてきたが、それは彼の思想に対する戦後的なイデオロギー評価にほかならない。彼の思想の本質は、ナショナリズムそのものにある。

　この点は、北一輝の西郷隆盛評価の問題にもつながる。北一輝は、西郷隆盛を賊軍とは呼んでいない。明治維新によって掲げられた近代の民主的な「国民国家」の理想は未完成のままであり、西郷の西南戦争は、その理想を実現するための「第二維新」運動であった、という形で評価している。

　それは同時に、北一輝の明治維新の評価でもある。彼は明治維新を「維新革命」と呼び、本来的には「国民国家」(公民国家)の形成を掲げたもの、と評価している。西郷の西南戦争はそれを引き継いだ「第二維新」、じぶんの「社会民主主義」革命はそれを完遂するものだ、と。

　北の『国体論及び純正社会主義』(明治39年刊・発禁)にこうある。「維新革命其事が社会民主主義なり」

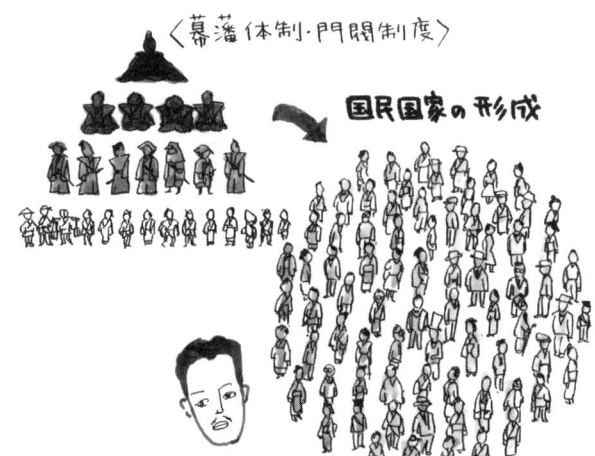

民主革命としての明治維新評価

　維新とは、維れ新たなり、ということである。維新政府が慶応3(1867)年に「王政維新」を宣言したことから、実質的には革命であった明治の変革は「復古」の性格を持つようになった。日本は明治維新によって大きく変わったように見える。しかし、坂本龍馬がいったように、「日本を今一度洗濯し直す」。洗濯したからといって、日本の本質が変わるわけではない。時代に合わなくなっているので、洗い直して、今の時代に新しく姿を現わしてくるのが、いわば維新なのである。つまり、天皇制はずっと続いている、それをひっくり返すわけではない。その天皇制の形を近代に合うような形態にする。もっとも、合い過ぎるようなプロシアの形にしたから天皇＝国家の絶対主義的な皇帝制度になって、国民の自立を阻害するような問題が出てきてしまうのである。

「万世一系」の国体論を徹底批判

　天皇を政治的中心として、民主的な「国民国家」をつくる。これが、北一輝思想の核心である。同じく『国体論及び純正社会主義』に、こうある。

　「維新革命を以て王政復古と云ふことよりして已(すで)に野蛮人なり。(中略)維新革命は大化の王政に復古したるものにあらず。大化の革命に於いて理想たりし儒教の『公民国家』が一千三百年の長き進化の後に於いて漸(ようや)くに定理せられたるものなり。」そのため、天皇を「万世一系」神話によって現人神とする「国体論」を、徹底的に批判した。

　北は「万世一系」神話にもとづく「国体論」イデオロギーを、すでに20歳のときの「国民対皇室の歴史的観察(所謂国体論の打破)」(『佐渡新聞』明治36年6月)において、徹底的に批判していた。

　「克(よ)く忠に億兆(おくちょう)心を一にして万世一系の皇統を戴く。是れ国体の精華なりといひ、教育の淵源の存する所なりといふ。而して実に国体論なる名の下に殆(ほとん)ど神聖視さる。

　無分別なるは日本国民なるかな、其の歴史の如何に光栄ある事実を以て綴られたるかを知らず、其の視光の如何に大いなる足跡を残したるかを顧みず、却(かえ)って奇怪にも国体論の如き妄想を画(えが)く。されば、斯(か)くの如き彼等に向って、古往今来誇りとし来れる所の其れを排し、以(もっ)て我が皇室と国民との関係の全く支那欧米の其れに異ならざることを示さむと試む、むしろ無謀に近し。」

　北がこの冒頭にのべている「克く忠に億兆心を一にして万世一系の皇統を戴く」云々の「国体論」というのは、具体的には『教育勅語』(明治23年発布)を指している。この『教育勅語』に示されてい

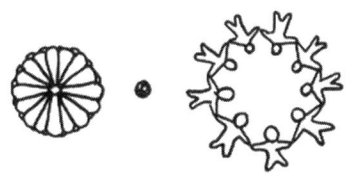

る「万世一系」神話が、いかに日本国民の精神的自立を阻害しているか、と北は明治の「国体論」イデオロギーを激しく批判するのだ。国民にとって、近代の民主的な「国民国家」と絶対主義的な天皇制国家という制度は、大いなる矛盾を孕むのである。北はその矛盾を、「国体論」批判という文脈で、剔抉したのである。

ナショナルな民主主義革命

　ついでながら、北一輝のことを高く評価しながら、同時に激しく嫌った三島由紀夫は、戦後の日本国憲法は矛盾の塊であると指摘していた。憲法第1条で国民主権といったうえで、同時に天皇の地位をその「国民の総意」と定めている。より正確にいえば、憲法第1条で規定されている「国民主権」は、民主主義原理である。一方で第2条には、皇位は「世襲のもの」であると規定されており、これは民主主義原理でも何でもない。いってみれば生物学的原理である、と三島はその矛盾を指摘し、批判している。

　天皇制を生かして、それを時代に合うように変えていったことにおいて、明治の変革は、まさに、維れ新たなり、維新であったといえよう。それまでは士農工商の身分制があり、武士だけが支配層として政治に携わってきた。「国民」などという概念はなかった。それが、明治維新によって天皇親裁のもとではあるが、一種の「国民

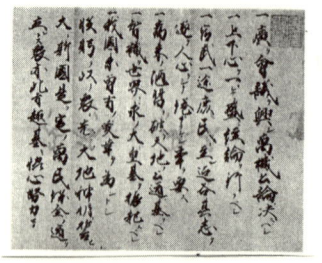

五箇条の御誓文
1968（慶応4）年、江戸幕府と倒幕派の戦い（戊辰戦争）のさなか、倒幕派の京都政府が発表した施政方針

〈内容〉
一、広く会議を興し、万機公論に決すべし。
一、上下心を一にして、さかんに経綸を行うべし。
一、官武一途庶民にいたるまで、おのおのその志を遂げ、人心をして倦まざらしめんことを要す。
一、旧来の陋習を破り、天地の公道に基づくべし。
一、知識を世界に求め、大いに皇基を振起すべし。

国家」体制になった。五箇条の御誓文は「広く会議を興し万機公論に決すべし」を掲げている。これは民主主義原理そのものといえる。四民平等を唱え、「国民国家」体制になったことの原理を、五箇条の御誓文は示している。北は『国体論及び純正社会主義』で、「明治維新革命」が民主主義であるゆえんを、この「万機公論による」から説明している。

　二・二六事件で蹶起した青年将校たちに影響を与えたことから、北一輝は軍事クーデターのまがまがしい印象を与えることになる。たしかに北の『日本改造法案大綱』(原題は『国家改造案原理大綱』大正８年)は冒頭で、憲法停止をいっている。「天皇は全日本国民と共に国家改造の根拠を定めんがために、天皇大権の発動において、３年間憲法を停止し、両議院を解散し、全国に戒厳令を敷く」という軍事クーデター綱領である。しかし、その補注に、明治維新によってつくられた体制に対する北一輝の評価を見ることができる。「維新革命に始まる民主国時代」と述べている北は、明治維新によって、日本は国家原理として民主国になったと規定している。「天皇は現代民主国の総代表で、国家を代表するものなり」といい、「すなわち維新革命以来の日本は、天皇を政治的中心としたる、近代的民主国である」と規定しているのだ。北一輝は、明治維新はいってみればナショナルな民主主義革命ではないか、と見ているのである。

北一輝の天皇機関説

　この「維新革命以来の日本は、天皇を政治的中心としたる、近代的民主国である」という一文は、本来的にいえば、明治維新によって日本は「国民国家(公民国家)」への道を踏み出した、ということだ。ところが、現実には薩長藩閥の有司専制で独裁的にすべてを決め、日露戦争以後は天皇＝国家の国体論イデオロギーが作られていった。例えば大久保利通が内務省をつくり、日本の国内のすべての権利をそこに集め、政治権力の中心を官僚制に置くという形で、官僚独裁に近い体制ができた。これに対して北は、福沢諭吉の概念をもってすれば、「国民抵抗の精神」はどこにあるのか、と問うのである。

　明治国家は国民国家を宣言したにもかかわらず、官僚独裁に近い体制になっている。それゆえに、明治維新革命を完遂するために西郷隆盛は蹶起し、西南戦争は「第2の維新」運動として行なわれたという評価になる。

北一輝は、明治維新は民主革命であった、あるいは明治維新によって理念的には国民国家(儒教でいう公民国家)が宣言された、といっている。この点から、彼は天皇＝国家の国体論に抵抗した、ナショナルな民主主義者であるということができる。彼は二・二六で民主革命をやろうとした。こうした北一輝の側面は、戦前にはまったく評価されなかった。なぜなら、明治国家は日露戦争によって、天皇制国家を完成した。大日本帝国憲法の第3条は「天皇は神聖にして侵すべからず」とし、「万世一系」の天皇は神のごとき存在、いわゆる現人神とする国体論を完成している。これに対し、北一輝のいう政治的中心としての天皇は、国家運営のための最高機関であり、統治の政治的な権力を持っている法的な機関であり、神であることとは違う。政治権力としての天皇がどのように規定され、どのように行使されるかは、憲法に書かれている。天皇を神のごときものであるという「神聖にして侵すべからず」という規定は、尊敬の言葉ではあるが、政治的な規定ではない。むしろ、憲法によって天皇の権力はここまでと考え、天皇の持っている統治大権をうまく使っていくのが、天皇を政治的中心とする民主国であるというのが、北一輝の考え方である。この考え方は、いってみれば天皇機関説である。

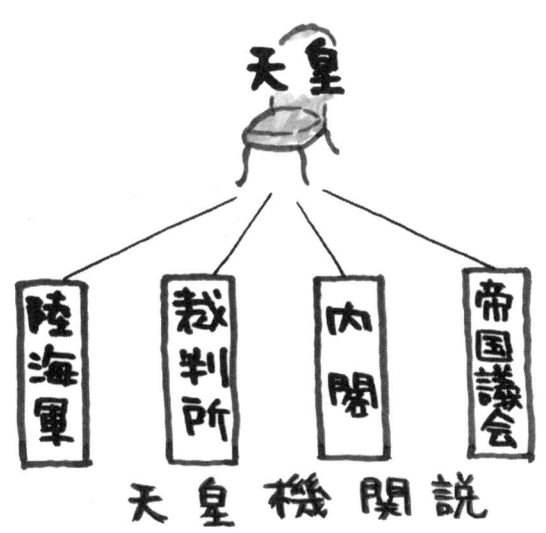

天皇現人神説の国体論の時代にあって、「日本は天皇を政治的中心としたる近代的民主国」ということがすでに、危険な発言である。北が戦前に危険視されたのは、民主主義、国民主権、国民抵抗の精神、あるいは明治維新によって日本は国民国家になったという認識を持っていたためであった。
　一方、戦後になると、北一輝は軍事クーデターを起こす煽動思想によって軍国主義的で危険である、と批判された。それは戦前の北一輝像とはまったく違う面を見た評価である。
　北一輝について、彼が民主主義、国民主権をいい、国民国家の完成をいっていたことを評価する人がまったくいなかったわけではない。二・二六事件の青年将校の中で最も神懸かり的、あるいはハーバート・ビックス（『昭和天皇』）によって「狂信的」とさえ呼ばれた磯部浅一は、軍事法廷に立った時、「明治維新以来の日本は、天皇を政治的中心としたる近代的民主国であります。それを実現するために、我々は蹶起したのであります」と述べた。この発言をみると、磯部は神懸かり的でも狂信的でもない、北一輝の思想をよく理解していた、といえよう。

二・二六事件は軍国主義の始まりを意味するか

　戦後の教育では、日本は二・二六事件によって、暗い軍国主義の時代に入ったとされる。

　しかし三島由紀夫は、北一輝が『日本改造法案大綱』で主張している革命綱領のほとんどの内容は、第二次世界大戦後、占領軍によって実現されたと述べている。わたしもそれに同意する。これは、『日本改造法案大綱』の革命綱領が華族制の廃止をはじめとして、民主主義的改革であったことを物語っている。

　日本の敗戦後、GHQによって戦犯が挙げられ、最終的にA級戦犯(容疑)は24人であった。戦犯を指名するに当たり、二・二六は軍国主義の始まりであるという日本国内の評価から、真崎甚三郎、斎藤瀏らをはじめとする関係者がGHQに召喚された。結果的に、二・二六事件関係者は一人も戦犯に指名されなかった。二・二六が目的としたのは、軍事クーデターを通してではあれ、民主革命であったと評価されたのである。かれらは天皇絶対の「万世一系」の国体論、あるいは現人神説によって蹶起したのではなく、天皇の名の下に民主革命をやろうとして蹶起したとアメリカに理解されたことになる。北一輝の『国体論及び純正社会主義』(明治39年刊、発禁)も、出版が許可された。それが、昭和25年刊の『国体論』である。

二・二六事件：1936(昭和11)年2月26日、青年将校らが約1400名の兵士を率いて反乱を起こした。政府の要人を暗殺して、首相官邸、陸軍省、警視庁などを一時制圧したが、3日後、鎮圧された。

北一輝に対する右翼、ファシスト、といった既成のレッテルをはずし、その思想の核心をたどってみれば、そこにはまさにナショナルな民主革命というテーゼが出てくる。『国体論及び純正社会主義』から引用すれば、次のようである。

「維新革命の本義は実に民主々義に在り。(中略) 維新当時の『万機公論による』の宣言、維新後十年ならずして起こりたる憲法要求の運動を全く直訳的のものとなし、斯くの如き急激なる変化が数年間にて来るものなるかの如く考へて奇怪なる民族心理学を疑はんとだもせざるなり。憐れむべき東洋の土人部落よ！　維新革命を以て王政復古と云ふことよりして已に野蛮人なり。」

　北は、明治維新を「王政復古」という概念で捉えてはいない。かれはそれを、「民主主義」革命として捉えているのだ。

　国民国家の像、民主主義の理想が明治維新によって提示されていたにもかかわらず、それが不完全になってしまったが、明治維新そのものを北は高く評価していた。

維新革命の本義は民主主義にある。明治10年(西南戦争)は西郷隆盛による第二維新であったが、つぶされてしまった。国民国家を作るという、急激な変化が数年で達成されると考えて、未開部落の酋長のように、天皇を崇めている。土人部落同然だ。

明治天皇に対する評価も、神のごとき存在なのではなく、「生まれながらにして奈翁(ナポレオン)である」というものだ。王制を廃止したフランス革命後のフランスは、王制であったヨーロッパ各国から敵視されていた。これに対して、ナポレオンは国民軍を率いて、ヨーロッパ中を戦い巡った。北一輝は明治天皇に対して、このナポレオンに近い評価をしている。

　この点について、松本清張は15歳の少年であった明治天皇に何ができたのかと批判をしているが、明治天皇がその革命の中心として存在していなければ、明治維新は成立しなかった。維新革命軍は国家的中心を持ちえなかったであろう。

　北は『国体論及び純正社会主義』に、明治天皇についてこう書いている。

　「現天皇は維新革命の民主々義の大首領として英雄の如く活動したりき。『国体論』は貴族階級打破の為めに天皇と握手したりと雖(いえど)も、その天皇とは国家の所有者たる家長と云ふ意味の古代の内容にあらずして、国家の特権ある一分子、美濃部博士の所謂(いわゆる)広義の国民なり。即ち天皇其者が国民と等しく民主々義の一国民として天智の理想(天智天皇の理想としての「公民国家」=国民国家)を実現して始めて理想図の国家機関となれるなり。」(カッコ内、振りガナ引用者)

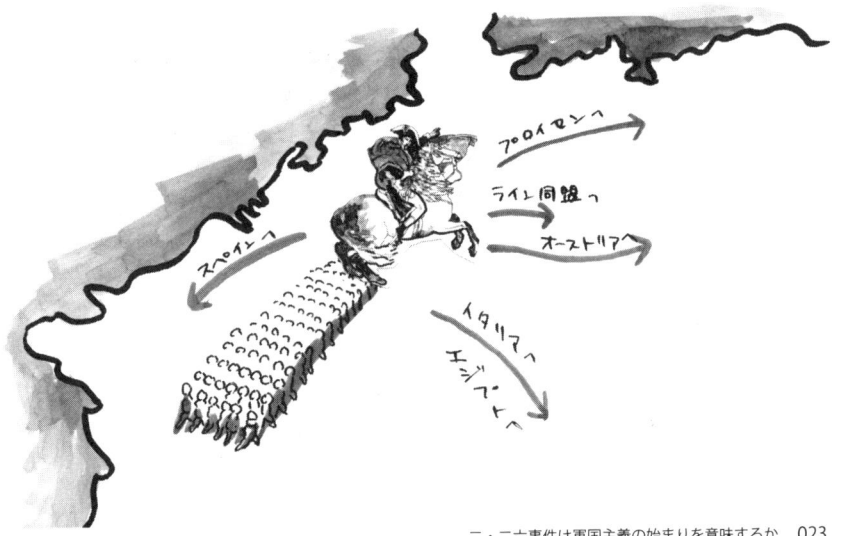

ともあれ、明治維新はナショナルな民主主義革命であるという評価から、北の「日本は天皇を政治的中心とする近代的民主国である」という規定が出てくる。五箇条の御誓文によって宣言された国民国家の具体的な政治体制として、憲法がつくられる。「民権数え歌」には、民主とは「王の頭に釘を打つ」とうたわれているが、それは国王が絶対的権力ではなく、国王の国家権力を制限するものとして、憲法がつくられたという意味である。

　ヨーロッパの中世は絶対王権、すべての権力を国王が握っていた。明日戦争を始めるのも勝手、税金を２倍にするのも勝手、国民の生殺与奪権を握っていた。このような王権神授説に基づく体制に対し、王に勝手に振る舞われては困るとしてイギリスの貴族たちが立ち上がり、王の権利を制限し、国民の議会で決めるとした憲章がマグナカルタである。この場合の国民とは、貴族階級だ。さらに、貴族階級の下にいたブルジョアジー、すなわち市民階級の権利を守れ、我々市民が政治に参加することを認めよというのが「テニスコートの誓い」、フランス革命になる。北一輝はこのフランス革命を高く評価していた。

明治憲法も、天皇の権利を制限して、その権力行使については国民議会で決めることを規定するものであるはずだった。実際に憲法が施行されるのは明治23年である。憲法では、天皇は統治権を総攬しており、それだけを見れば、天皇は絶対権力をもっている。しかし、実際には天皇とともに、国民が議会によって、権力を行使する。すなわち国民主権とはいいきれないまでも、天皇絶対制ではない。しかし天皇に与えられる権利は大きく、例えば条約締結の際に署名するといったこともふくまれる。日清・日露戦争も、天皇の詔勅、御名御璽がなければ開戦を決定できなかった。

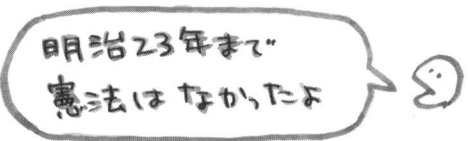

明治23年まで憲法はなかったよ

国民主義──国体論批判

　北一輝の政治思想は、教育勅語の「万世一系」の国体論を批判しつつ、明治憲法を高く評価し、天皇を国家運営の機関として使っていくという方向性である。明治政府は、大日本帝国憲法を発布した翌年、教育勅語を発布した。教育勅語には、国民はひとたび危急の時あらば、天皇のために命を投げ出さなければならないという趣旨の文言がある。北は、このような忠君思想を批判する。愛国は、まさに近代的なナショナリズムであるが、このような忠君思想は中世的な忠誠心、つまり奴隷思想であると批判したのである。

　憲法をつくり、議会をつくり、まさに日本は国民国家づくりが具体的に行なわれている。ただ、それは天皇の命令によるという形をとらなければならなかったのが天皇を政治的中心とする意味だ、と北一輝は考えていた。

　このような認識から、北一輝にとって明治維新とは、天皇の号令のもとに行なわれた日本の民主主義革命であった。

教育勅語（低学年用の修身教科書）

そして、日本の明治維新に影響を受け、あのような国づくりをすれば、欧米列強に侵略されることのない独立国家(ネーション)となり、国民(ネーション)が政治に参加でき、思想、言論、宗教の自由も得られるとして、中国で辛亥革命(1911年)が起こる。辛亥革命も、やはりナショナリズム革命であった。清朝は満州族による異民族支配であったことから、これを滅ぼし漢族を興す、「滅満興漢」が叫ばれた。民族(ネーション)のナショナリズムである。またこの辛亥革命によって中華民国という独立国家を樹立し、そこで国民議会を開いていくという文脈では、国民主権体制になっていく。

　明治39(1906)年、北一輝は自費出版した『国体論及び純正社会主義』を発禁処分にされた。日本国内での普通選挙による維新革命の完成を志したにもかかわらず、その思想の自由が認められないことから、北は中国革命に没入していく。それは、中国のナショナリズム革命への自己投入であり、中国革命は明治維新と同質のものだという認識からだった。かれの中国革命への自己投入は、ナショナリズム革命への挺身であったともいえるだろう。

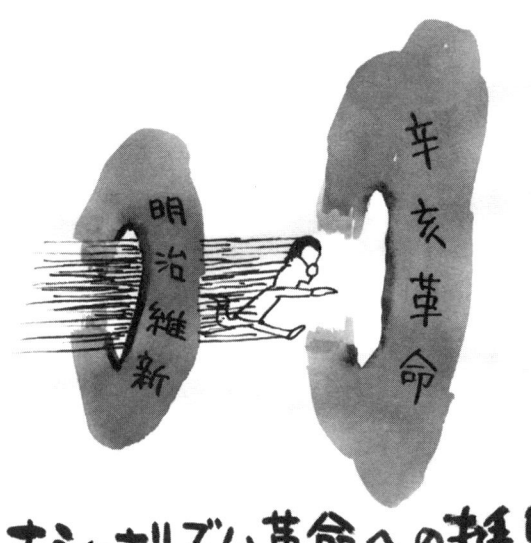

国家主義——「国家の権利」としての戦争

　北一輝の場合、そのナショナリズムには国家主義の要素も強い。『日本改造法案大綱』は、特権階級あるいは華族制度をなくし、独占資本に制限を加え、女性の権利を守り、少年労働を禁止し、労働時間を制限するなどの点で、戦後の日本国憲法をほとんど先取りしたような内容である。1カ所、まったく異なるのは、北が「戦争は国家の権利である」としている点だ。戦争に対する神聖視ともいえるが、国家主権を発動する最後のところは結局、戦争である、つまり「開戦の権利」だとしているところである。巻八「国家の権利」で述べられているこうした内容は、戦後の日本国憲法ではネグレクトされた。「国家の権利」には「徴兵制の維持」として、「国家は国際間における国家の生存および発達の権利として、現時の徴兵制を永久に与えて維持する」と表明されている。これが占領軍によって認められず、日本国憲法は第9条で戦争の放棄を謳っている。

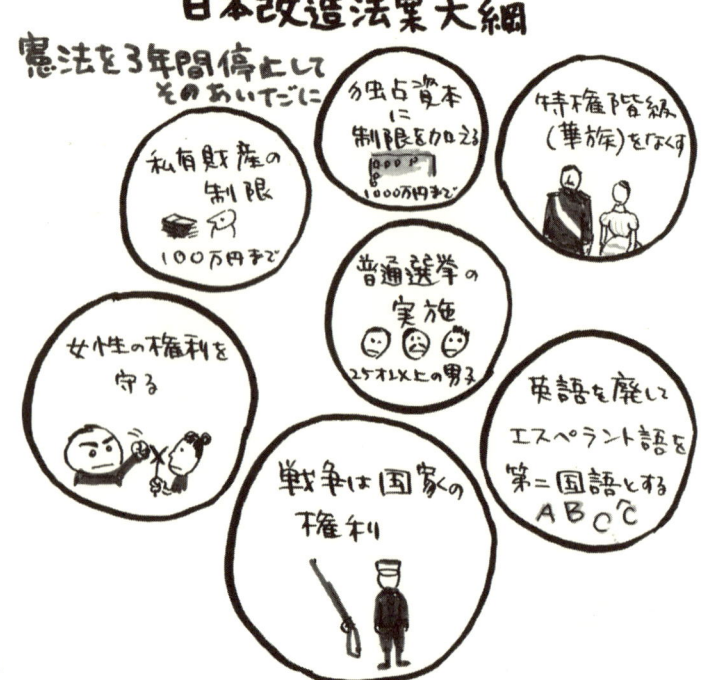

三島由紀夫は、戦後の日本国憲法が『日本改造法案大綱』の最も重要な「国家の権利」をネグレクトしていることを指摘している。
　実際に明治体制における開戦の権利、戦争の権利は憲法上では天皇が持っていた。天皇にすれば、軍隊は天皇のものである。これに対し、北一輝は、戦争は国民国家の権利であり、軍隊は「国民の軍隊」であるという思想であった。つまり、「開戦の権利」は、国民国家のものであって、天皇のものではない。
　『日本改造法案大綱』には次のように書かれている。
　「開戦の積極的権利。国家ハ自己防衛ノ外ニ不義ノ強力ニ抑圧サルル他ノ国家又ハ民族ノ為メニ戦争ヲ開始スルノ権利ヲ有ス。(則チ当面ノ現実問題トシテ印度ノ独立及ビ支那ノ保全ノ為メニ開戦スル如キハ国家ノ権利ナリ)。
　国家ハ又国家自身ノ発達ノ結果他ニ不法ノ大領土ヲ独占シテ人類共存ノ天道ヲ無視スル者ニ対シテ戦争ヲ開始スルノ権利ヲ有ス。(則チ当面ノ現実問題トシテ濠州又ハ極東西比利亜ヲ取得センガタメニ其ノ領有者ニ向テ開戦スル如キハ国家ノ権利ナリ)。」
　以上の文言でわかるように、北は国家それじたいを有機体であるとともに法的人格であると認め、その国家が「開戦の権利」をもっていると考える国家主義者である。帝国主義の時代にあっては、その国家は帝国主義的戦略をとるのである。もっとも、革命思想家としての北一輝は、「革命大帝国」としての日本は不義の戦争はしてはならない、とも考えていた。

いずれにしても、北にとって戦争は国民国家の権利と考えられた。いいかえると、軍隊はその国民国家の軍隊、つまり国民軍である。従って、二・二六事件は困窮した国民(＝農民)を救うために国民軍が蹶起したことになる。これを、「天皇の軍隊」であるとして、昭和天皇が取り戻したのである。それが、初めから青年将校たちを「反乱軍」とよんだ昭和天皇の二・二六事件に対する鎮圧にほかならない。北にとっては、国家が国民のものであるように、軍隊は「国民の軍隊」でなければならなかった。いってみれば、北は天皇から軍隊を奪おうとしたのである。だから、昭和天皇は激怒したのだった。

国民軍という思想

　北一輝は中国のナショナリズム革命である辛亥革命に加わったことによって、「国民の軍隊」という考え方を学んだ。

　辛亥革命が起こるまでの清朝では、軍隊は王朝の、すなわち「皇帝の軍隊」であった。国民がいかに生活に苦しんでいても、イギリスのアヘン密輸により広州で国民の生活がむちゃくちゃになってい

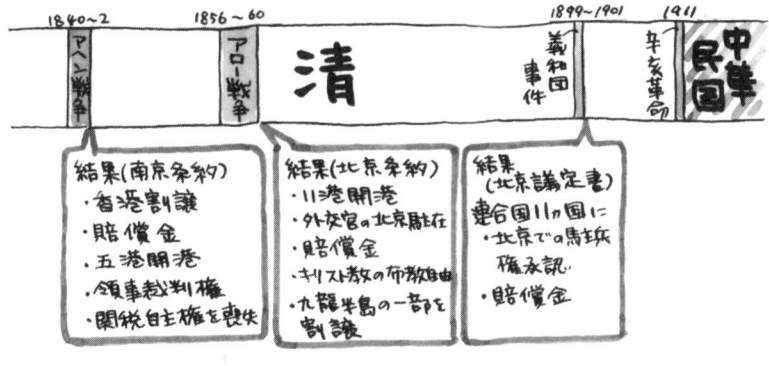

辛亥革命：次々に外国(列強)の中国支配を許す清朝に国民の不満が高まり、起きた革命。
300年続いた清朝、3000年以上続いた皇帝政治が終わった。辛亥とは、辛亥でのこの年の呼び名

1840〜2	1856〜60		1899〜1901	1911
アヘン戦争	アロー戦争	清	義和団事件	辛亥革命 / 中華民国

結果(南京条約)
・香港割譲
・賠償金
・五港開港
・領事裁判権
・関税自主権を喪失

結果(北京条約)
・11港開港
・外交官の北京駐在
・賠償金
・キリスト教の布教自由
・九龍半島の一部を割譲

結果(北京議定書)
・連合国11ヵ国に
・北京での駐兵権承認
・賠償金

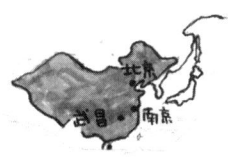

1911年 清朝が外国資本の援助による鉄道の国有化を発表すると各地で反対運動がおこり四川省の暴動の鎮圧に向けられた新軍が武昌で蜂起。14の省が次々に独立を宣言。各代表が集まり1912年、孫文を臨時大統領とする中華民国政府を構成した。これの鎮圧に向けられた袁世凱将軍がたくみに立ち回って清朝皇帝を廃位させ、自分が中華民国の大統領になった。(※洋式軍隊)

孫文

宋教仁

えんせいがい
袁世凱

ても、列強に侵略されて土地を奪われていても、清朝政府に直接の危害・損害がなければ意に介さなかった。アヘン戦争に負けて、イギリスに香港の割譲を求められても、わずか2000人の漁民が暮らす香港島、九龍半島まで含めても人口8000人の辺境の寒村であるがゆえに、いとも容易く承諾する。皇帝を守る軍隊が危機に瀕しているわけでもない、王朝が滅亡の淵に追いやられているわけでもないというのが、清朝政府の認識であった。

　これに対し、国民を守るのが国家ではないのか、国民軍ではないのかという考え方から、孫文や、北一輝の盟友であった宋教仁が、国民のために蹶起した。「新軍」という名の革命軍である。当時、4億の民がいるといわれた中国の人口の、8ないし9割が農民だった。軍隊は農民から兵士が集められているにもかかわらず、その農民の生活を守るために清朝軍が動くことはあり得なかった。王朝の軍隊であり、皇帝あるいは王朝しか守らない。そこに、「滅満興漢」のナショナリズム革命が起こった。この清末の現実に対する「新軍」つまり革命軍の蹶起であった。

　二・二六事件に関連していえば、東北の農民が飢えに苦しんでいる、農村が疲弊しているという現実があった。当時の日本は6割

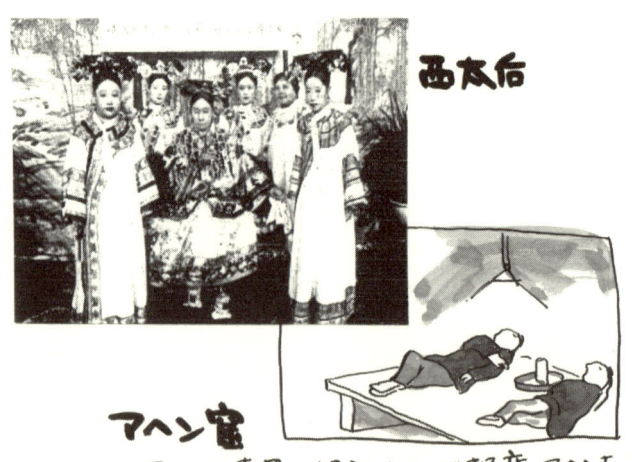

西太后

アヘン窟
アヘンを売買し、吸うことができる店。アヘンを常用すると、健康を害する。
イギリスから持ちこまれたアヘンは大流行し、中国政府の貿易収支は悪化した。

以上が農民であった。軍隊はその農民が担っている。徴兵制によってこの国民軍の枠組みをつくったのが、西郷隆盛であり、木戸孝允である。しかし、実際には、とくに日露戦争以後は、天皇の軍隊、「皇軍」となっていた。これに対して、軍隊は天皇を守るためにあるのではなく、国民を守るためにあるというのが、中国の辛亥革命を体験した北一輝の、国民国家という理想から出てくる当然の帰結だった。農民が飢え、農村が疲弊しているときに、この農民・農村を救うために蹶起しないのは国民軍ではない、という考えである。

この考え方をした北一輝や大川周明の猶存社に、軍隊改造に情熱をもやす青年将校たちが感激し、同意したのである。そして蹶起した青年将校たちを北が激励した。見方を変えれば、北一輝が天皇から軍隊を奪ったことになる。従って、軍事クーデターを起こす、革命軍として起つという結果になった。しかし、北一輝の思想は、軍事クーデターを起こして権力を奪うことそれ自体を目的とするものではない。目的は革命である。

昭和4年の世界恐慌の影響で日本の農村でも米と繭の価格が暴落した。更に東北地方では、昭和6年、9年に凶作にみまわれた。

北はかつて辛亥革命に加わり、国民のために戦わない清朝軍に対し、孫文や宋教仁たちが国民革命のために挙兵したことを見ていた。これによって国民を救っていく、革命と軍隊行動を結びつける現場を、北は経験したのである。それまでの北は、軍事クーデターなど考えたこともなかった。23歳のときに書いた『国体論及び純正社会主義』には、軍事クーデター、あるいはそれに近い暴力革命のような言葉は一語も出てこない。国民の直接的な「普通選挙」による革命である。

国民＝国家の思想

維新革命によって日本は、理念的には国民国家(公民国家)になった。『五箇条の御誓文』に、「万機公論に決すべし」とあるではないか、と。そして、これを実現するために、西郷隆盛の「第二維新」の挙兵があったが、それも未完に終わってしまった。だから自分の社会民主主義革命はそれをやるのだと、北はいっている。『国体論及び純正社会主義』では、これを普通選挙によって実現する、としている。当時の政治思想とすれば、ごく穏和な民主主義的な考え方であり、事実、大正デモクラシーの運動や政党政治を通して大正14(1925)年に普通選挙法が公布されたことに照らしても、危険思想などでは決してない。ただ、北は『教育勅語』にあらわれる「万世一系」の天皇＝国家の国体論イデオロギーを激しく非難した。明治維新革命の理想は、国民＝国家だったではないか、と。

しかし、当時の伊藤博文や山縣有朋らの藩閥政府が目指していたのは、国民国家をつくることではなく、天皇制国家をつくることだった。それゆえに、天皇＝国家を支える国体論イデオロギーを批判した北が危険視されたのである。

北一輝は国家それじたいに「開戦の権利」、主権を与え、天皇さえもその国家の機関として使うと考えた。その思想は、ある意味で国家主義である。この場合、国家意思の体現者は国民議会でなければならない。その当時の国体論は、天皇が国家意思の体現者、すな

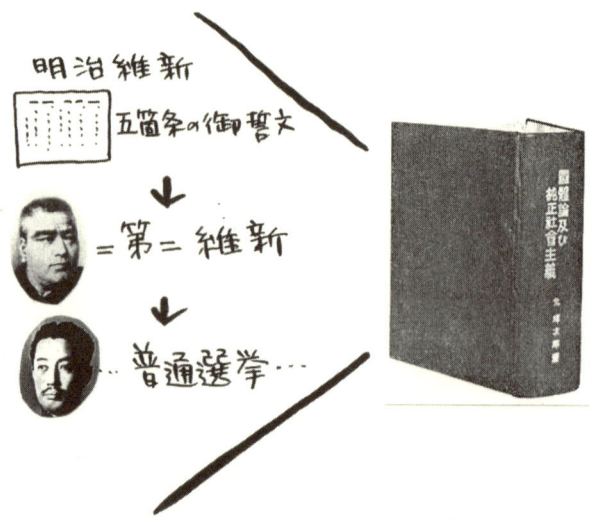

わち国家そのものであるとしている点で、北一輝の思想とは決定的に異なっていた。

　北一輝は語の本来の意味において、ナショナリストである。つまり、その思想は国民主義であると同時に、民族主義、国家主義である。

国民主義　民族主義　国家主義

　当時の欧米諸国は、国益を全面的に守るために、いずれも帝国主義化していた。自分の国が世界における覇権を握りたいと考える。国民国家はナショナリズム国家であり、たしかに、自分の国の権益が大きいほうがいいと考える。なぜならば、その結果として国民に富が回っていく、生活が向上する、権利がふえる。国民はこれを拍手喝采で迎える。必然的に外国との関係は覇権主義的になる。自分の国が世界で覇権を握りたいと考えるのが帝国主義である。

　それを日本に還元していえば、日清・日露の戦争に勝ったことによってアジアで覇権を握り、アジアでの帝国主義的な権益を主張する。

　北一輝は国家主義者ではあるが、このような日本帝国主義者とは少し違う。

辛亥革命が起こった中国は、日本の25倍の国土を持ち、国民議会をつくるといっても、各省が日本と同等であるほどの規模を持っていた。日本は明治の初めの人口が3000万人、明治末で5000万人、第二次世界大戦の前に6000万人になった。明治末の中国は4億人の人口を擁するといわれていた。このため、中国では清朝を倒したあと、国民国家を形成するといっても、それは容易いことではなかった。かつての皇帝、今の共産党のような絶対権力を持った形でなければ、大きな領土と人民を統一できず、国家としてまとまりにくいという構造がある。

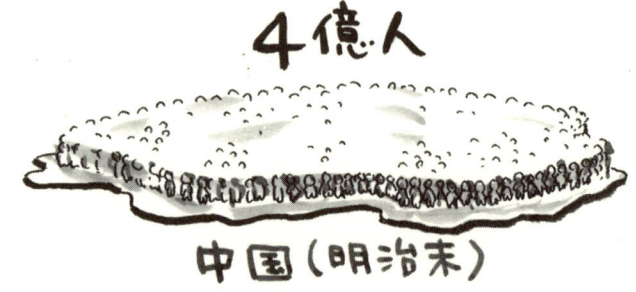

　辛亥革命は一度は成立して、中華民国の臨時大総統(大統領)に孫文が選ばれるのだが、この権力を袁世凱が簒奪して、ついには皇帝になることで、滅亡したはずの皇帝が復活することになる。これに対するかたちで、北の盟友であった宋教仁が国民議会での政党政治のための国民党を組織したのである。しかし、1913年に宋教仁は暗殺される。そこで混乱が起き、中国は第2、第3革命へと混乱が続いていく。この中国の混乱をもっけの幸いとして、明治政府は袁世凱政府に援助をしつつ、帝国主義的支配を強める一方で、三井や大倉などは革命軍に武器を売った。双方に武器を売って、混乱が続けば、これほど儲かることはない。そうした火事場泥棒のような振る舞いの代表的なものが、大正4(1915)年、第一次世界大戦に参戦して、ドイツ支配の青島を占領したあとで大隈重信政権が出した「対支21箇条の要求」である。

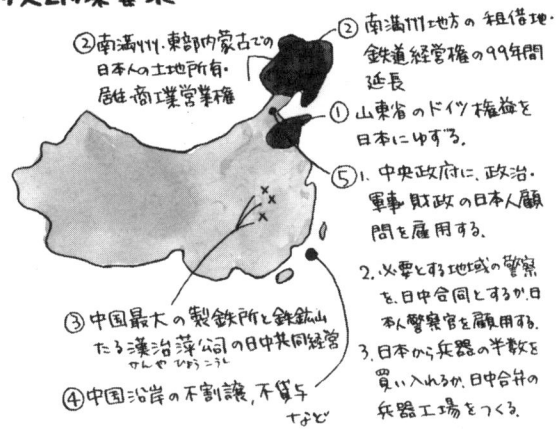

「対支 21 箇条の要求」への批判

対支21ヵ条要求

② 南満州・東部内蒙古での日本人の土地所有・居住商工業営業権

② 南満州地方の租借地・鉄道経営権の99年間延長

① 山東省のドイツ権益を日本にゆずる。

⑤ 1. 中央政府に、政治・軍事・財政の日本人顧問を雇用する。

2. 必要とする地域の警察を、日中合同とするか、日本人警察官を雇用する。

3. 日本から兵器の半数を買い入れるか、日中合弁の兵器工場をつくる。

③ 中国最大の製鉄所と鉄鉱山たる漢冶萍公司の日中共同経営

④ 中国沿岸の不割譲、不貸与　など

　この「対支21箇条の要求」はまさしく帝国主義的な性格を帯びた戦略であり、日本帝国主義の利権を中国に要求しようとする内容であった。イギリス、フランスなどのヨーロッパ列強は、後にのべるように、自らが世界中で行なってきたことと同じ戦略であることから、「対支21箇条の要求」に異議を唱えなかった。唯一、アメリカがこれに反対した。

　その21箇条の要求は、青島のみならず山東省におけるドイツ権益の継承を第1項目としていた。そして、第5項目には、中国全土における日本人警察官の配備や、中国軍は国家の軍隊の形態をとっていないから日本軍が指導権をもつ、つまり軍事顧問団を送るという条項があった。これは、幕末に日本が経験したことであった。幕府がフランスの軍事顧問団を受け入れ、その指導を受けたのである。実際、幕府軍はその軍隊行進も、フランス語のアン、ドゥ、トロワでやっていたのである。戊辰戦争の最後、五稜郭での箱館戦争までフランスの軍事顧問団は同行していた。これに対し、薩長主体の維新革命軍はイギリスの力を背景に、その武器を買い、幕府軍と戦ったわけである。

ともあれ、治安がよくない中国の全土に居留民として多くの日本人が住んでいる。その日本人の安全を確保し、生命、財産を守るために日本の警察官を配置させることを、日本は要求したのである。
　つまり、中国において国家の軍隊が日本軍の指導下にあり、国内の治安が日本の警察によって守られることになれば、日本人が最も生活しやすい、日本の利権が最も守られやすいことは明らかだろう。そのような状況は、中国への進出が列強のうちで一番遅かったアメリカにすれば、自由に経済活動ができないことを意味する。
　アメリカは常に自国の国益を最重要視するが、同時にどのような場合でも、一国が独占的に支配してしまうのはよくない、ゆえに我々にも「門戸を開放せよ」、「機会均等にせよ」、という自由貿易・自由競争の理念を押し出してくる。門戸開放・機会均等といえば、理念的であり、聞こえはいい。日清戦争の際、日本が清国に主張したのも、同じことだった。清朝の中国は、東北部ではロシアにシベリアから満州への鉄道敷設や、大連の港湾使用などの独占的権益を与え、広東省はフランス、上海は共同租界、重慶はアメリカ、青島はドイツに独占的権益を与えていた。その後塵を拝した形の日本は、日清戦争によってこの状況を変えるとともに、朝鮮半島から清国およびロシアの勢力を駆逐し、大陸に自国の権益を獲得しようとした。のちに大正デモクラシー思想の中心的存在として名を残す吉野作造のような人物でさえ、日清戦争は義戦であるなぜなら日本は清国に門戸開放・機会均等という正当な要求をしている、と発言していた。

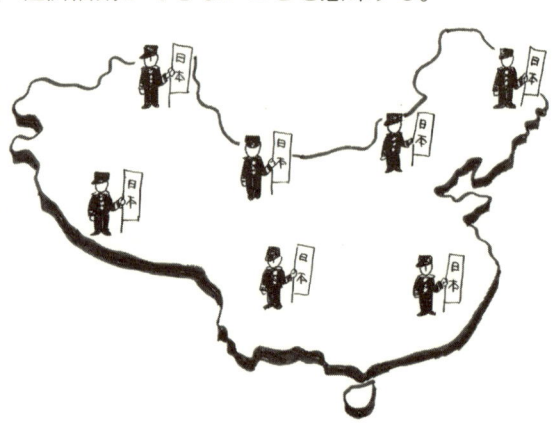

ともあれ、「対支21箇条の要求」は近代西欧の帝国主義のやり方そのものだった。日本は第一次世界大戦でドイツに勝ったことを根拠にして、青島ひいては山東半島の権益を日本によこせ、というのが「要求」の一番の眼目だったが、それを中国全土における軍事権、警察権の要求へと拡大したのである。しかし、この軍事権と警察権の要求に、アメリカは門戸開放、機会均等が損なわれるとして、反対したのである。

　一方、中国の世論にしてみれば、西洋文明との「力」の差が歴然としていたヨーロッパ列強に権益を奪われるのは致し方ないとするものの、ついこの間まで「東洋」の小国であった日本に、「西洋」と同様な振る舞いをされるのは面白くない。ここから排日運動、そして日貨排斥(ボイコット)運動が起こってくるのだ。袁世凱政権が「対支21箇条の要求」を第5項を除き認めた5月9日を中国の「国恥記念日」とし、袁世凱政権を国を売り渡す売国奴、亡国政権であるとして、中国におけるナショナリズム運動、反日的な民族主義運動が高まりをみせるのである。その結果、北京大学を中心として1919(大正8)年「五・四運動」が起こったのである。

> 1910　1915　1919
> 清朝　辛亥革命　袁世凱政権　21カ条要求　五四運動
>
> 五・四運動
> 第1次世界大戦が終わり、ヴェルサイユ会議で中国は、21カ条のとりけしや山東のドイツ利権の返還を提訴したがしりぞけられた。同(1919)年5月4日、北京大学の学生らがデモを行ない、運動は全国に広がった。中国政府は態度を変え、責任者を処分するなどした。

「日本自らの革命」を

この五・四運動の最中に、北一輝の『日本改造法案大綱』は書き始められた。

北は、『日本改造法案大綱』の「第三回の公刊頒布に際して告ぐ」という序文に、大正8 (1919) 年、この軍事クーデター＝日本革命綱領を執筆するに至った理由を、次のように書いている。

「ヴェルサイユから全世界に漲れる排日熱、支那全土を洗ひ流がす排日運動の中に在りて、——三千年の生命と六千万人とを一人格に具体化せる皇帝其人の写像が口にすべからざる侮辱を蒙りて各国環視の街頭に晒された時——苟も『唯我一人能為救護』の大責任感を有するもの、日本国に対する排侮を日蓮自らの排侮に感じ皇帝の蒙りたる恥辱を唯我一人の恥辱に受け取るのは当然の事である。

自分は十有余年の支那革命に与かれる生活を一擲して日本に帰る決意を固めた。十数年間に特に加速度的に腐敗堕落した本国をあのまゝにして置いては、対世界策も対支策も本国其者も明らかに破滅であると見た。

清末革命の頃、則ち民国及び大正元年の前後の年頃には、危ないと思ひつゝ、其れは間違ひだと争ひつゝ、而して固より常に抑え付けられつゝ、而も未だ嘗て万事休すとまで絶望はしなかつたのであ

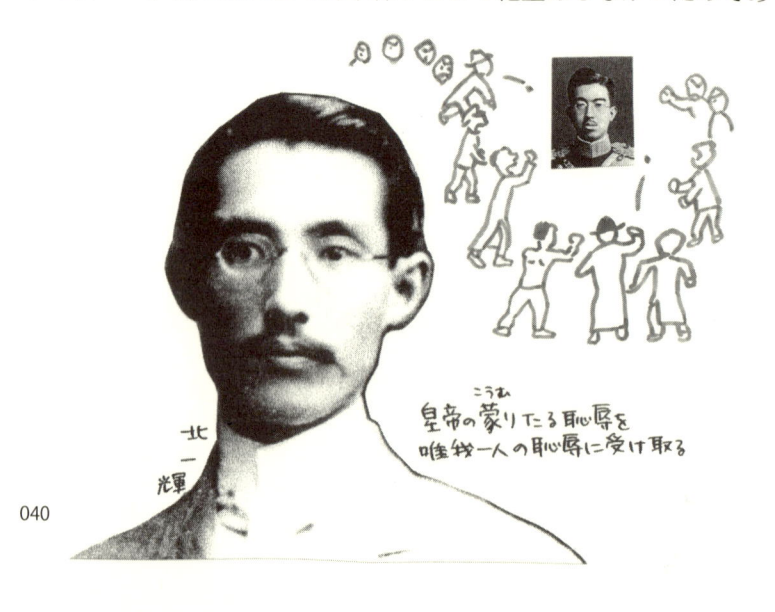

る。──さうだ、日本に帰らう。日本の魂のドン底から覆へして日本自らの革命に当らう。」

　北一輝は、「対支21箇条の要求」が中国の国民(とくにナショナリズム革命を遂行した革命家)にとって非常に屈辱的なものであることを理解していた。日本が起こしたナショナリズム革命である明治維新にならって、中国民族は辛亥革命を起こし、清朝復辟の運動や袁世凱による革命の簒奪に抵抗しながら革命を続けていこうとしている。中華民国を成立させ、議会を開き、憲法をつくった。この憲法は、北一輝の盟友である宋教仁が起草したものだ。中国が独立国家をつくり、国民国家として自立しようとしているときに、日本が帝国主義政策を振りかざし、軍事的・経済的に侵略をしようとすることは、中国のナショナリストにとって屈辱的であり、「対支21箇条」のようなものを出してはいけないと、北一輝は述べている。これは中国におけるナショナリズム革命の精神を引き受けての発言である。そうした意味で、北は第一次大戦のどさくさにまぎれて日本の大隈重信政権(外相は加藤髙明)が出した帝国主義政策に対しては断固反対する、という立場をとっている。

　北一輝は国家主義者、ナショナリストではあるが、国家主義を主張しても必ずしも日本帝国主義には同調しなかった。

大隈重信
1838-1922

加藤高明
1860-1926

日米戦争に反対

　日本が他の帝国主義列強を追い掛けて権益を要求していけば、日本も必ず帝国主義化する。そのようなやり方で、日本がアジアで覇権を握ると、その先にアメリカと世界的な覇権闘争になる。その結果として日米戦争が起こるだろうと、大正10年頃から話題になりはじめた。

　しかし、北一輝はナショナリストであるにもかかわらず、その日米戦争には絶対反対の立場をとっていた。

　ナショナリストは、基本的にロマンチストである。民族が国家を独立させ、国民主権の国家をつくるという場合、その国家が自立する前提として、国民の自立がある。福沢諭吉ふうにいえば「一身独立して、一国独立す」である。従って、国民一人びとりが自分の内心、自分の思想を守りたい、自分の価値を評価したいという欲望は、どちらかというと、ロマン主義的精神である。文学的にいうと、明治時代に明星派のような文学運動が出てくる。自分を美しく、大きく見せたい。きらびやかに詩の言葉で自己を表現する。

　例えば秋になって銀杏の葉が黄色くなって散る光景を、与謝野晶子は「金色の小さき鳥の形して銀杏散るなり夕日の丘に」と表現する。啄木は、小学校の庭に立つ銀杏を「この銀杏の木はかのローマ帝国の宮殿の側に立っている銀杏の木である」と想像を飛躍させ、あたかも自分がローマ帝国にいたかのような詩をつくったと、自己反省として述べている。こういう時代のロマン主義思潮が、国家的規模として現われたのが、日露戦争だろう。しかし、日露戦争は現実にはギリギリの勝利であったから、夢ばかりを見た国民は何の戦

日露戦争(1904〜5年＝明治37〜38年、北一輝21〜23才)

日清戦争(1894〜5年)に勝利した日本は、満州・朝鮮からロシアの影響力を排除して日本の権益を築くため、ロシアと開戦した。大国ロシアを相手に、すでに除隊した者まで徴兵し、日清戦争の15倍の死者を出して終結した。戦後締結されたポーツマス条約では、ロシアから提供されるものの少なさに怒った民衆は、日比谷その他で、焼打事件を起こした。

利品もなかった講和条約に憤激した。それが、日比谷焼打事件となったのである。

　北は、日露戦争については、民族の生存競争としてそれこそロマン主義的に戦争を鼓吹していた。ただ日比谷焼打事件については何もいっていない。かれは『国体論及び純正社会主義』を発禁にされたことから、目を日本国外に、つまりロマン主義的に中国のナショナリズム革命へと向けていった。しかし、その実際の政治、中国の革命運動で何が行なわれていたか。革命戦争で勝つためには、銃器を買う、軍隊を維持するためにどれくらい軍資金が必要なのかといった問題が出てくる。アメリカがきれいごとで機会均等といったところで、実は国益を最大限に欲しいと言っているだけであることは、政治の現場、経済の現場を見ていればわかる。

　そうした経験をすることによって、北一輝のロマンチストの本質に加えて、政治的なリアリズムが現れてくる。

政治的リアリズム

勝利

お金

日米戦争に反対　043

日米戦争は世界戦争になる、と

　そうした目から、日本の国力はどの程度なのかを北は見ていた。国土でいえば、中国は日本の25倍、アメリカは26倍ある。アメリカの持っている富は膨大なものである。日本は第一次世界大戦の戦勝国になり、五大国の仲間入りをしたとはいえ、海軍戦力をアメリカの10に対し6に抑えられる。これが妥当なところで、国土面積の比から言えば10対5と言われても仕方ないくらいだ。

　「対支21箇条の要求」は、第一次世界大戦時の日本がアジアに対し帝国主義的になっている、悪い言葉で言えば夜郎自大になっていることの現われとしてあった。この頃から、北一輝は中国問題をきっかけとする日米戦争は「絶対起こしてはいけない」といい始める。このことは、大正5(1916)年に書いた『支那革命外史』でもすでに述べている。ただ、この時点では、具体的な理由までは言及していない。

　日米戦争に踏み出したら、どのようなことになるか、北がそのリアリズムを押し出したのが、昭和7(1932)年の「対外国策ニ関スル建白書」と昭和10(1935)年の「日米合同対支財団ノ提議」だった。

　これらの文書で、北は次のようにいっている。

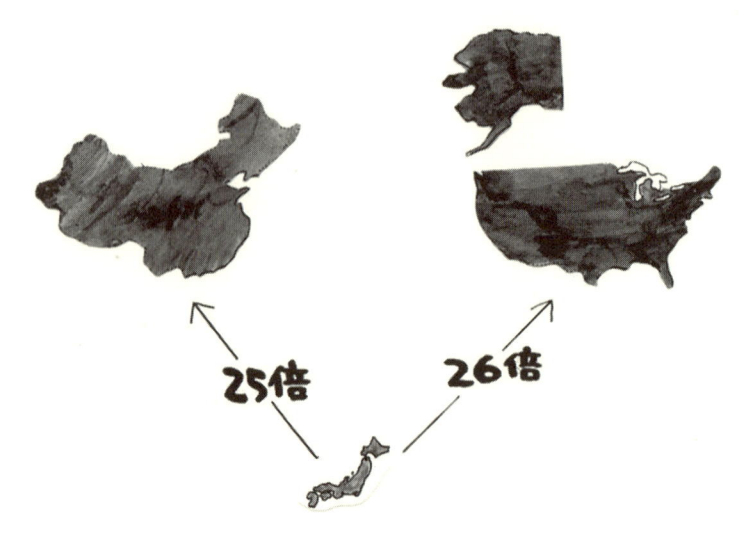

「支那ヲ問題トシテ日米間ニ戦争ヲ勃発セントシタルコト再三ニ有之、幸ニシテ今日マデ是レヲ免カレ候ヘ共、今後尚コノ儘ニ放置致候テハ、近キ将来ニ於テ必ズ両国ノ戦争則チ両国ヲ破滅的深淵ニ投ズル不祥事ヲ到来セシムルハ言フマデモ無之儀ニ御座候。」

「日米戦争ヲ考慮スル時ハ、則チ日米二国ヲ戦争開始国トシタル世界第二大戦以外思考スベカラザルハ論ナシ。則チ米国及ビ米国側ニ参加スベキ国家ト其ノ国力ヲ考慮セズシテハ、経国済民ノ責ニ任ズル者ノ断ジテ与スル能ハザル所ト存上候。」

「日米戦争ニ際シテ英国ハ或ル場合ニ於テ、開戦当初ヨリ米国ノ側ニ参加スベシ。或ル他ノ場合ニ於テハ日本ニ悪意アル中立ヲ持シツヽ米国ノ軍器軍需ニ巨利ヲ博シタル後米国側ニ立チテ参加スベシ。」

「更ニ別個ノ一敵国アリ。ソビエット露西亜ハ日米開戦ノ翌日ヲ以テ断ジテ日本ノ内外ニ向テ全力ヲ挙ゲテ攻撃ヲ開始スベシ。」

「米露何レガ主タリ従タルニセヨ、日米戦争ノ場合ニ於テハ、英米二国ノ海軍力ニ対抗スルト共ニ、支那及ビ露西亜トノ大陸戦争ヲ同時ニ且最後迄戦ハザルベカラザル者ト存候。」

「日本ハ昭和六年九月十八日ヲ以テ明カニルビコンヲ渡リ候。」

「……大日本帝国ハ太平洋ニ於テ米国、大西洋ニ於テ仏蘭西ト契盟スル外ナク、又運命必ズ然ルベキヲ確信罷在候。第二世界大戦ヲ極東ニ於テ点火セシムル勿レ。」

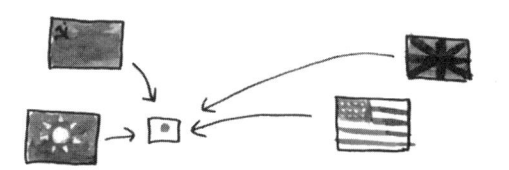

1931(昭和6)年9月18日：日本軍は中国の柳条湖で鉄道を爆破して、これを口実に中国の東北地方を占領した。

要約すると、——日本が対中国問題によってアメリカと戦争を起こしたら、必ずその日にイギリスがアメリカ側につく。アメリカはイギリスの弟分のようなものであり、ほとんど同じ文明の理念、価値観、戦略を有している。すでに満州事変(1931年)以来、日中戦争の最中にあり、さらに「対支21箇条の要求」に発する反日運動がある。従って、中国は直ちにアメリカ側に立って日本との戦いを続ける。そして、開戦の翌日にはロシアが、日露戦争以来の奪われた権益を取り戻すために、また日露戦争に負けた民族としての屈辱を晴らすために、アメリカの側に立つ。
　——アメリカと戦争を起こした結果、日本は米英露支の四大国を相手にした「世界戦争」をしなければならない。そんなことをしたら、必ず「破滅」である。だから日米戦争は起こしてはならない、というのである。ちなみに、その日米戦争(＝世界戦争)を回避するため、日本は大西洋に於いてフランスと結び、大平洋に於いてアメリカと同盟せよ、アメリカとは「日米合同対支財団」を作れ、と北は現実策を提示している。

北一輝のリアリズム

　第一次世界大戦の後、それがあまりに悲惨な結果を招いたことから、戦勝国が軍備縮小の取り決めをしたのが、ワシントン会議を受けて締結された1922(大正11)年の海軍軍縮条約だった。この当時、海軍主力は戦艦だった。大砲を備え、それ自体が要塞のような軍艦である。その主力艦を米10：英10：日6にすることが決められた。日本から出席した全権団は西園寺公望(元首相)、牧野伸顕(元外相)のほか、随員には軍人として山本五十六、加藤寛治らが加わった。

　主力艦について、保有できる規模が制限されたため、これからの軍備は飛行機(それに潜水艦)だという考えから、山本五十六は航空母艦、戦闘機をつくれと動き、第二次世界大戦では司令長官になった。その結果、真珠湾攻撃は航空母艦と戦闘機で行なわれたのである。また加藤寛治は、日本がワシントン会議で10:10:7を主張したのに、結果として10:10:6になったことは屈辱であるとして、1930(昭和5)年のロンドン軍縮会議の補助艦の比率においては絶対に10:10:7にしなければならない、という強硬派になる。しかし、米英は、主力艦で10:10:6になったのに、補助艦で10:10:7を主張するのは矛盾ではないか、と批判している。これは米英の方が論理的であるといえる。

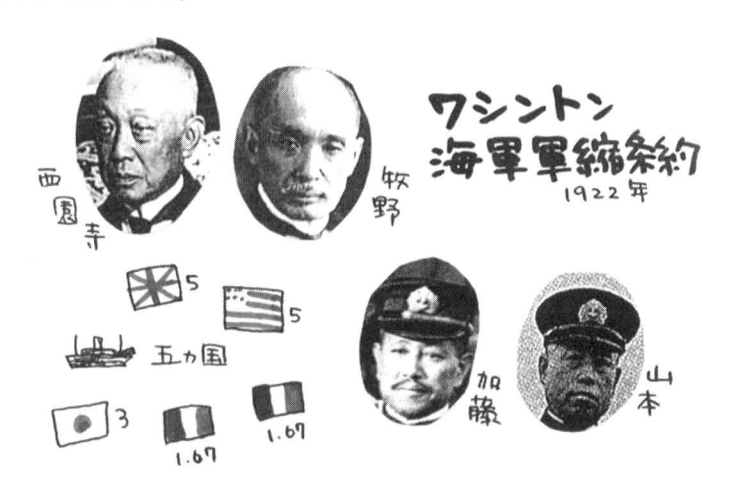

そのロンドン軍縮条約については、当時の民政党政権の濱口雄幸首相や、全権代表として出席した若槻礼次郎らの条約調印に対し、軍部および政権打倒をめざす政友会の鳩山一郎や犬養毅は、統帥権干犯であるといい、内閣弾劾が行なわれた。
　そのような中で、北一輝は「ある海軍大将」(加藤寛治)になぜ10:10:6ではなく、7なのかを問うている。その問答を、北はのち「対外国策ニ関スル建白書」に書いている。
　北一輝は二・二六事件の際、なんとかうまく収めてほしいと加藤寛治に頼んでおり、加藤とは深い付き合いがあった。名前は書いていないが、北がこの問いを発した相手の海軍大将は明らかに加藤である。
　北の問いに対する加藤の答えは、実に曖昧なものだった。アメリカ大陸からハワイ沖を通って太平洋を渡り、日本近海まで来るとすれば、当時の軍艦でも1週間ほどかかった。1週間の航海を経てフィリピンまで来た時には、隊員の士気が低下し、燃料の重油が減り、生鮮食糧もなくなり、補給もしなくてはならない。始め10あった能力は7くらいに落ちるだろう、というのである。それゆえに、我々が7の海軍力を持っていれば、対等に闘えるというのだ。

そのような論理にはリアリズムも何にもない。そういう北の批判に対し、加藤は、帝国海軍は帝国の、極端に言えば天皇の命令に従って、帝国に殉じるのみであると答えた、と「対外国策ニ関スル建白書」に書かれている。
　この答えに対して、北は、海軍は帝国の命令に殉じればいいかもしれないが、日本国、つまりネーション (Nation) は帝国海軍に殉じて死んでいくわけにはいかない。そのようなリアリズムを欠いた主張をするな、と批判している。
　日米戦争が起こったら、それは必ず対米英露支の世界戦争になる。米英と海で戦い、露支と陸で戦う。そんな世界戦争をしていて勝てるはずがない。「破滅」である。それゆえに、日米戦争には絶対反対せざるを得ないと、北一輝は主張していた。現在の我々から見れば、北のこの主張は真っ当である。
　しかし、こうした北一輝の明治国体論批判の革命的ロマンチシズムと、日米戦争批判のリアリズムは戦前・戦後を通じてまったく評価されてこなかった。

北一輝のリアリズム

日米戦争に絶対反対であるという北一輝に、北の友人でもあり、ライバルでもあり、一番反発も仕合ったアジア主義者の大川周明は全く反対の立場だった。大東亜戦争の唯一のイデオローグともいえる大川は、大正14(1925)年の『亜細亜・欧羅巴・日本』において、はやくも、日米戦争を言挙げしていた。次のように。

　「いま東洋と西洋とは、それぞれの路を往き尽した。然り、相離れては両ながら存続し難き点まで進み尽した。世界史は両者が相結ばねばならぬことを明示して居る。さり乍ら此の結合は、恐らく平和の間に行われることはあるまい。天国は常に剣影裡に在る。東西両強国の生命を賭しての戦が、恐らく従来も然りし如く、新世界出現のために避け難き運命である。この論理は、果然米国の日本に対する挑戦として現れた。亜細亜に於ける唯一の強国は日本であり、欧羅巴を代表する最強国は米国である。

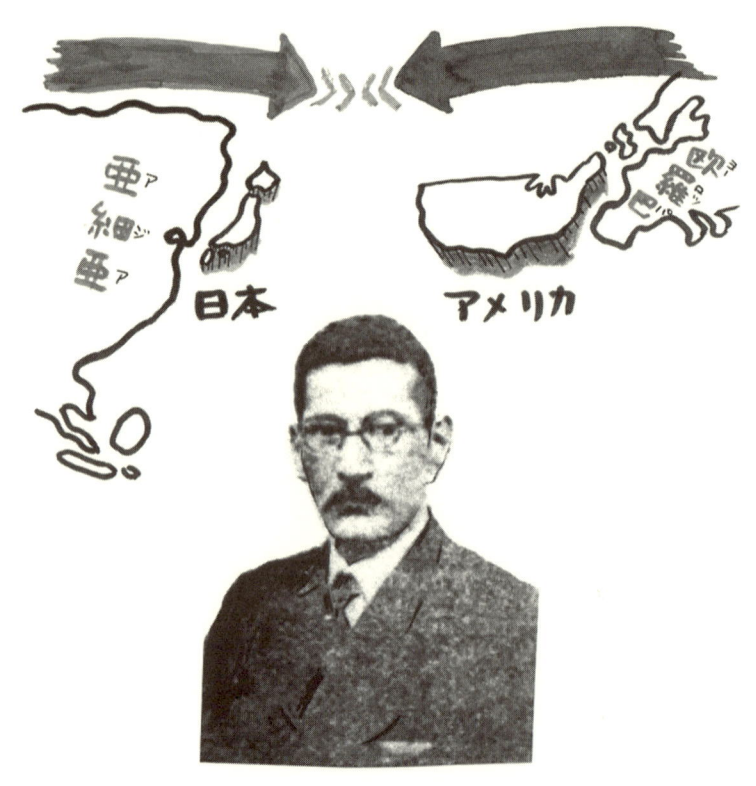

この両国は故意か偶然か、一は太陽を以て、外は衆星を以て、それぞれ其の国の象徴としているが故に、其の対立は宛も白昼と暗夜との対立を意味するが如く見える。この両国は、ギリシアとペルシア、ローマとカルタゴが戦はねばならなかった如く、相戦はねばならぬ運命に在る。日本よ！　一年の後か、十年の後か、または三十年の後か、それは唯だ天のみぞ知る。いつ何時、天は汝を喚んで戦いを命ずるかも知れぬ。寸時も油断なく用意せよ。(中略)来るべき日米戦争に於ける日本の勝利によって、暗黒の夜は去り、天つ日輝く世界が明け始めねばならぬ。」

　しかし、大川は同時に日本が世界史的立場を背負うためには、日本じたいの国家改造が必要である、ともいっていた。その国家改造の第一歩は軍隊改造である、日本の軍隊が国民軍にならなければならない、と考える点では、北と大川の意見は一致していた。

この両国は、ギリシアとペルシアの如く
相戦はねばならぬ運命にある。

軍隊改造運動

　第一次世界大戦が始まり、日本が青島を陥落させ、「対支21箇条の要求」を出した大正4(1915)年から、日本は大きく変わっていった。アメリカが日露戦争以後、日本を仮想敵国(ポテンシャル・エネミー)にしたこともあって、日本でも日米戦争という議論も出てきた。大正8(1919)年には日米戦争は空中戦で行なわれる、と猶存社三尊の一人、満川亀太郎なども言い始めた。

　それは、アメリカがイギリスに代わって覇権国家になりつつあった時期でもあった。民主国家であると同時に帝国主義国家であったアメリカが、まず太平洋で覇権を握るためには、次に覇権国家として立つ可能性を持っている日本が、日露戦争にさいして、日英同盟(1902年)を結び、イギリスと手を結んでいるのは都合が悪い。日露戦争の際に日英同盟が結ばれていたから、日本は第一次世界大戦では、ドイツの権益のある青島、サイパンおよびマリアナ諸島など南洋を、イギリスの求めに応じる形で攻撃したのである。日本とイギリスは20世紀のはじめ、互いの帝国主義的利害で結びついていたわけだ。

　ともあれ、アメリカがイギリスにとって代わって覇権国家になるためには、日英の結びつきは不都合だった。そこで、アメリカは世界平和のために日英同盟を解消してほしいという理由付けのもとに、日米英仏の四カ国条約の締結、あるいは国際連盟中心の国際平和を築こうとする提案を、戦略的に出してきた。

日本は第一次世界大戦の戦勝国となり、1919(大正8)年の講和会議で中国におけるドイツの権益の継承を承認された。中国ではその5月9日を「国恥記念日」とよんだのである。これよりまえ、1917(大正6)年にロシアで共産主義革命が起こり、ロシア国内にあった欧米諸国の権益が守られないこととなった。これに対して翌年、列強諸国によってシベリア出兵が行なわれた。イギリス、アメリカが積極的に誘い、日本もこれに参加している。

　日本はこのような列強諸国の帝国主義的な動きに大きく連動するようになっていた。しかし、このとき日本の軍隊が外国に出ていくということは、農民が兵隊にとられ、米の作り手が少なくなるだけでなく、兵糧として米が大量に消費される。その結果、米の価格が上がることは明らかだった。シベリア出兵の噂が出た段階から、富山、大阪をはじめとする地方で米騒動が起こった。「富山の女一揆」である。買い占めに走る鈴木商店などもあった。これでは食べていけないと声をあげたのが主婦たちであったことから、女一揆と言われる米騒動となった。

米騒動
大正7(1918)年7月23日富山県魚津町で漁民の妻数十人が米の県外移出を差止めようと海岸に集合した。これを皮切りに米騒動は8月10日過ぎには一気に全国に広がった。各地で大騒乱になり、25000人以上が検挙された。

この全国に広がる米騒動の鎮圧に出ていこうとしたのは、軍隊であった。寺内正毅内閣は、米騒動に関する記事を差し止めるとともに、警察では手に負えないと判断して国の軍隊を派遣して国民に銃を向けようとしたのだ。国民の軍隊が国民に銃を向けるようなことがあってはならないといったのが、大川周明である。本来外の敵に向けるはずであるところの軍隊の銃口が、国民に向けられる。そんな国民軍であってはならない。だから軍隊を改造しなければならない。日本の国家改造は軍隊改造から始めなければならない、と考えたのである。

　大川は国家改造の実践団体として、満川亀太郎とともに猶存社をつくった。ここに、国家改造の構想を描きうる革命思想家の北一輝を、中国の上海から呼び寄せるわけだ。大正８年のことである。そして、これに軍隊の内部から呼応したのが、若い隊付きのいわゆる青年将校たちだった。その筆頭が、二・二六事件で北一輝と共に首謀者として処刑された西田税である。西田はまず、大川の軍隊改造運動に共鳴した。軍隊で日本の腐敗がおきている、上官の命令は天皇の命令だから何でも聞け、というが、その命令の内容がおかしいと批判する権利もないのか、国家と国民を守るのが我々の軍隊(国民軍)ではないのか、と。

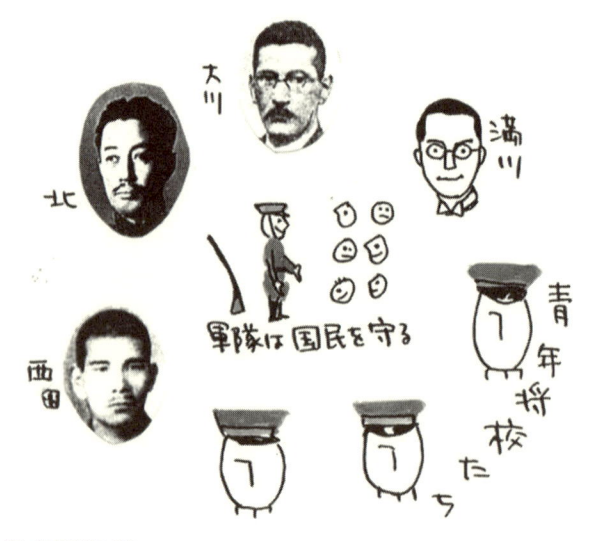

この問題は、昭和維新を掲げるのちの青年将校にも引き継がれる。たとえば、西田より２歳下で、二・二六で捕らわれた青年将校のうちでは兄貴分格の大蔵栄一である。
　大蔵が戸山学校の教官だったとき、幹部候補生の再教育を行なった。そのとき上官はこんな問いに対する答えを求めたという。おまえたちの上官の私が、あそこにいる子どもを撃てと言ったらどうするか。候補生たちが撃てないと答えると、上官は、私の命令は天皇陛下の命令であり、これに従えないのはおかしい、全面服従して反問することなく撃て、という。大蔵はこれに反発した。このような理不尽が次々に起こっている軍隊を改革しなければならない、国民の軍隊にならなければいけない、と。

陸軍戸山学校（東京都新宿区戸山）

上官の命令は　天皇陛下の命令である

国民の軍隊

軍隊改造運動　055

大川の五・一五事件と北の二・二六事件

　大川周明は、どちらかというと五・一五事件への過程で、佐官級つまり幕僚クラスを主体とする軍の改造を考えるように変わっていった。これに対して、北一輝がいう軍隊改造はもっと下のクラス、尉官級、つまり隊付きの小中隊長クラスのいわゆる青年将校たちを主体としていた。戦闘単位の小隊の40人、あるいは中隊の120人の上にたつかれらには、兵士たちの顔が見え、その生活の惨状も聞く立場である。二・二六事件の青年将校たちは、東北から出てきている人が多かった。昭和7(1932)年と翌年は東北が飢饉にみまわれている。東北出身の兵士たちは、姉が吉原に売られたり、自分の村で老夫婦が首をくくった状況を見ている。青年将校たちは自分たちの給料を、その兵士たちに分け与えていた。兵士たちと青年将校たちの絆は強かったのである。なお、青年将校たちが酒宴をするさいの金は、北が池田成彬と三井財閥などからもらった金を充てていた。

陸軍階級
元帥
大将
中将
少将
大佐
中佐
少佐
大尉
中尉
少尉
准尉
曹長
軍曹
伍長
兵長
上等兵
一等兵
二等兵

三井財閥

池田成彬（いけだせいひん）
三井銀行に入社。のち重役になった。株式公開、定年制、社会事業への寄付などを行った。

橋本欣五郎(中佐)ら、十月事件などに関わった「桜会」をはじめとする佐官級の将校たちは、クーデターを起こしたら誰を首相にしようか、自分は内務大臣をやる、そんなことばかりいって料亭で気炎をあげていた。二・二六事件に関わる青年将校の一人、後に『私の昭和史』を書いた末松太平は、佐官級の軍人や大川周明などのクーデター計画には「脂粉の匂いがする」と表現している。つまり、芸者をあげて、権力を手にすることばかりを口にしていた、というのだ。それに対し、二・二六事件の尉官級の隊付き青年将校たちの運動は「肥たごの匂いがする」という。これは、青年将校たちが兵士(＝国民)の生活を知り、農民の苦しみ、そうして救済を考えて革命を起こしたことを意味する。

　末松太平は士官学校に入るため東京に行き西田税を通して、北一輝と会った。そして、少壮の尉官級軍人たちの革命運動(クーデター)こそが日本改造の核心である、という思想に惹かれてゆく。かれは士官学校の教育によっては得られなかった「軍人とは何か」の使命観を、士官への「服従」ではなく、国家＝国民を救い、国家革新の担い手となることだ、と自覚するのである。

［国家=国民］を救う軍人

末松の『私の昭和史』には、北一輝（＝西田税）と少壮のいわゆる青年将校との固い結びつきが、次のように書かれている。
「士官学校に革新党の根を下ろしたのは、私たち三十九期生（末松自身や渋川善助―引用者注）がはじめてではない。三十八期生（たとえば磯部浅一や安藤輝三――同）や、卒業した三十七期生（たとえば村中孝次や大蔵栄一や菅波三郎――同）にも、西田と交渉のあるものがいた。特に三十七期生の菅波三郎の名は、しばしば西田の口から聞いた。しかし、私たちの期が、このとき西田にとって特に力づよいものであったのか、『北さんは日本の革命はあきらめていたが、君らの出現によって考え直すようになった。』と、たびたび述懐していた。」

天皇機関説を国民革命に使う

　北一輝のいう民主革命を行なう場合、そのための軍事クーデターはどのような形で行なわれるか。憲法によれば、大日本帝国は「天皇之を統治す」。すなわち国家支配の原理が天皇の名前によって行なわれる。翻っていえば、天皇は「支配原理」である。しかし、それと同時に、天皇は日本にあっては「革命原理」でもあり、これを発動することによって、つまり「天皇ヲ奉ジテ」革命をおこすことができるというのが、北一輝の考えだった。天皇機関説をとる北にいわせれば、日本の場合には、国家運営のための最高の機関が天皇である。幕末の維新革命をみれば、そのことはわかるだろう。天皇から征夷大将軍の任命を受けていた点で、徳川幕府も尊王でなければならなかった。しかしその幕府を倒すために、尊王が掲げられた。結果として、天皇は武家政権を倒す革命原理になっている。天皇は支配原理でもあり、革命原理でもある。その革命原理のほうを引き出して、国民軍が天皇の名を奉じて蹶起すれば、国民のための革命が正当性を持つというのが、北一輝の日本革命の構想だった。

それゆえ、民主的な国民革命を起こすに当たっても、日本では天皇の名を使って起こすのが、最も効果的であるという論理になるのである。そこに、北一輝固有の天皇機関説の意味が出てくる。ただ、法理論的に天皇機関説といっても、美濃部達吉や一木喜徳郎などの帝大教授の考えは、憲法解釈にすぎない。その国家「機関」としての天皇を、国民革命のために使うという発想は、北一輝一人が考え出したものにほかならない。

美濃部達吉 1873-1948　憲法講話

天皇は国家の最高機関だが、議会により、政党内閣を通してその権限の行使を拘束されると唱えた一木喜徳郎(いちききとくろう)を師とする。

　北が『国体論及び純正社会主義』を発表した明治39(1906)年、同じように天皇機関説を明確に打ち出したのが、後年「粛軍演説」で有名になる斎藤隆夫である。斎藤は当時は一介の弁護士であった。斎藤の天皇機関説とは、例えば国会は天皇の詔勅の下に、あるいはその宣言によって開会する、そのように天皇は国家運営、支配のための機関である、という規定だ。斎藤隆夫はのち代議士になるが、その政治思想はまったくの政党人であり、二・二六事件に対しても、軍人が天皇の名を使って革新運動を起こすなど許せないと、強く批判している。明治以来の日本は国民国家であるという認識は、

天皇　政党　国民

斎藤隆夫　1870-1949

北にも共通しているが、斎藤は、その国民国家を運営するさい、国民の生命や財産や権利を守るために、政党が理念によって議会で論じ、よりよい法律や制度をつくっていくというのだ。天皇は国家の機関であるが、国会を運営して国家を維持していくために政党が使う「機関」である、という考え方だった。

　つまり、天皇機関説といいながらも北一輝のように天皇という「機関」を革命原理に使っていこうとする立場と、斎藤隆夫のように、政党が国家運営のための議会政治に使う機関であるという立場は、まったく異なるものだった。しかし、いずれにしても、天皇を政治や革命のために機関として使うという点では同じである。これに対し、東京帝国大学の美濃部達吉らは、憲法に基づく限りにおいては、国家運営の機関であると法的に解釈できるという、いわば解釈論だった。北一輝や斎藤隆夫は、憲法を解釈しているのではない。斎藤は、これを使って政党が具体的に国家運営をする、という。一方の北は、革命、つまり今ある政治をひっくり返すために使う。共に天皇という機関を現実政治に使うと考えていた北と斎藤だが、片やそれを革命原理として使って二・二六事件を起こし、もう一方は、議会政治の立場に立って二・二六事件を最も辛辣に批判することになる。

　明治以来の日本を国民国家体制と考え、その国家における天皇を機関と考えた場合、北一輝の革命思想は、「万世一系」の国体論にもとづく天皇制国家に対する大いなる挑戦だった。

II
その思想的遍歴

明治の佐渡

　北一輝は明治16(1883)年、日本海に浮かぶ佐渡島の新潟に近い東側、両津(現在は佐渡市)に生まれた。

　佐渡は最も近い新潟の歴史的風土性、文化の影響が大きいと思われがちだ。しかし、実は「佐渡おけさ」にある「佐渡は四十九里波の上」の四十九里は新潟からの距離ではない。中世における佐渡は、承久の乱(1221年)に連座した順徳天皇をはじめ、日蓮、世阿弥らが流された流刑地だった。世阿弥がここに流されたことで、明治時代には金春流の能舞台が佐渡全体で270あったといわれている。四十九里は、京都から能登半島の珠洲を経て佐渡島の南の港である小木までのルートで、能登半島から佐渡への距離である。こうした関係から、佐渡の言葉や食文化は京都あるいは上方の影響が大きい。

　江戸時代になって金山が発見され、幕府の直轄領となった佐渡は、徳川幕府の経済を支える存在となった。金山には、江戸から罪人が鉱夫として送り込まれていた。金山を管理し、鉱夫たちを監視するために、佐渡には幕府の奉行所が置かれ、江戸から

武士が派遣されていた。さらに武士の子弟教育のために藩校に近い修教館という学問所も設けられていた。そしてそこには島の地役人の子弟も学ぶことが出来たため、島にかなり程度の高い教育がほどこされ、教育内容がひろく浸透していった。そうした意味で、江戸時代には文化的な水準も高くなった。

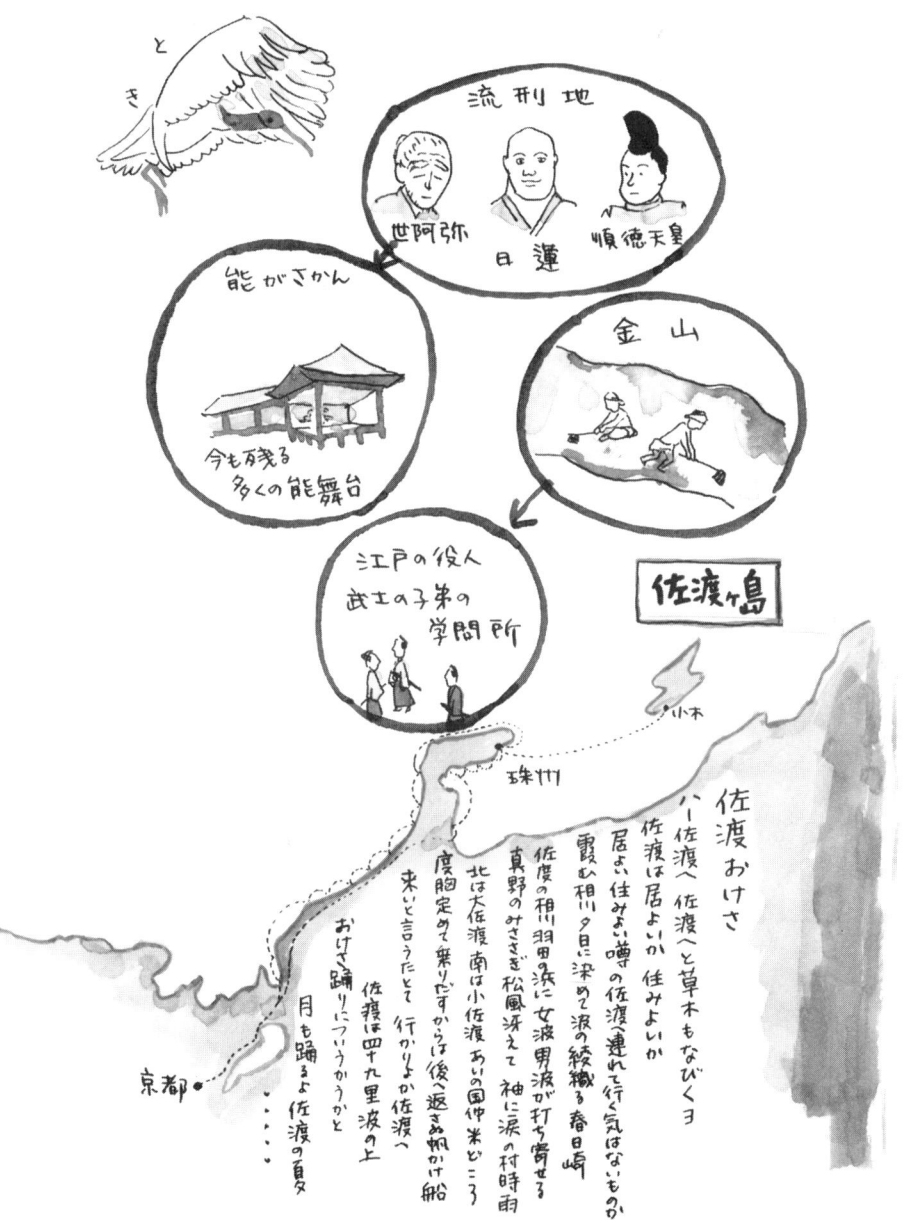

流刑地
世阿弥 / 日蓮 / 順徳天皇

能がさかん
今も残る多くの能舞台

金山

江戸の役人 武士の子弟の学問所

佐渡ヶ島

小木
珠洲
京都

佐渡おけさ

ハー佐渡へ佐渡へと草木もなびくヨ
佐渡は居よいか住みよいか
居よい住みよい噂の佐渡へ連れて行く気はないものか
霞む相川夕日に染めて波の綾織る春日崎
佐渡の相川羽田の浜に女波男波が打ち寄せる
真野のみさぎや松風冴えて袖に涙の村時雨
北は大佐渡南は小佐渡あいの国仲米どころ
一度胆定めで乗りだすからは行かしょか佐渡へ
後は返せぬ帆かけ船
来いと言うたとて佐渡は四十九里波の上
おけさ踊りについていうかと
月も踊るよ佐渡の夏
‥‥‥

そのような佐渡は、明治維新直後には一つの県となり、新潟とは独立した行政単位として考えられていた。その当時、越佐地方という言葉が出来上がったが、これは面積とは関係なく、越後と佐渡がそれぞれに独立した政治や文化、あるいは経済圏を持つ、対等の関係としてとらえられていた。

　佐渡は海流の関係から北は寒く、南は暖かく、標高1000メートルを超える山もあり、変化に富んだ風土の恩恵を受けたさまざまな産物がある。1960年代には、缶詰以外、佐渡で採れないものはないといわれたほどだ。水産物はもとより、米、麦、おけさ柿、りんご、ぶどう、すいか、トマト、野菜などの農産物も豊富であった。金の産出がなくなったとはいえ、経済的には豊かな土地だったのである。

　北一輝の先祖は、尾張の武士が流されたものだったと伝えられる。藩で何か不始末をしでかし、佐渡に流されたといわれている。父親の北慶太郎は両津の初代町長を務めたくらいで、この地では名門の家だったといえよう。この慶太郎も含め、北一輝の親族には明治の自由民権運動に関わっていた人が多い。彼らは明治14(1881)年の国会開設期成同盟に署名し、そののちも自由党員として活動していた。

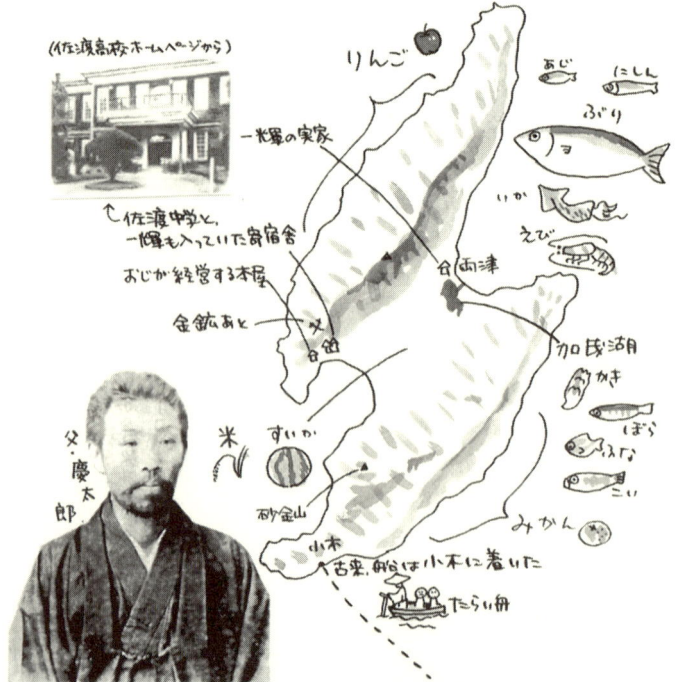

現在の佐渡の人口は8万人ほどだが、明治初めには10万人もいた。経済水準も高く、人口も多い。徳川幕府の学問所があったことや、京都からの流人によってもたらされた文化といった条件から、明治30(1897)年には佐渡中学がつくられ、北一輝もその第1期生として入学した。この年に、森知幾によって『佐渡新聞』が創刊されている。これは自由党＝政友会系統の新聞で、これに対抗する形で大隈重信の改進党＝憲政党系統の『佐渡毎日新聞』が出来る。明治末には『新佐渡』という週刊新聞も出されるなど、一時は4紙もあった。
　明治時代の佐渡は、現在の佐渡より経済的、文化的にも豊かで、政治的には独立した選挙区で、規模は小さいが新潟県と競い合う独自性があったといえよう。

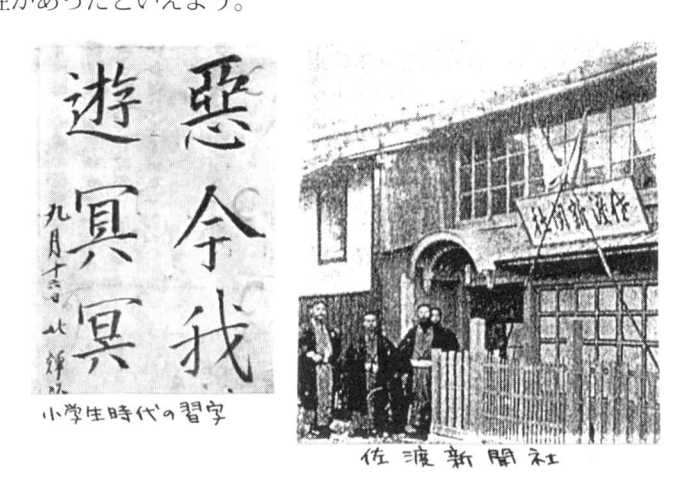

小学生時代の習字

佐渡新聞社

　そうした佐渡で育った北一輝に最も影響を与えたのは、まず第1に、明治10年代から20年代にかけての自由民権運動だった。また、彼の書いた文章を見ると、中学生のときに修学旅行で順徳天皇陵に行ったときのことを書いたものや、高山彦九郎に関する記述もあり、独特の京都文化あるいは尊王思想という流れが、誰か特定の人物に教えられてというより、佐渡の精神的風土として存在していたということになる。その一方で、佐渡中学の教師には幕府の修教館の円山溟北に学んだ漢学者(石塚照)や剣道教師だった人物もいた。

内村鑑三の影響

　北一輝の思想的背景にはさまざまな要素があるが、一番最初に思想的影響を与えた個人は内村鑑三だったとおもわれる。

　内村鑑三は新渡戸稲造と一緒に札幌農学校に入り、クリスチャンになった。新渡戸は農学の道に進み、米の栽培や酪農の振興をはかり、台湾総督府の民政長官になった後藤新平の抜擢で製糖業の改革と農業振興のために台湾に出かけたあと、帝大教授となり、国際連盟の事務局次長にもなっている。一方の内村は漁業に力を入れ、水産伝習所で教えた。のち、一高教授。佐渡で明治以降に新たに起こった産業で、農・鉱業以外のものとしては、スルメの生産など、水産加工がある。そのスルメの加工、検査を教授するために、内村は佐渡に出向いている。

　内村鑑三が佐渡に滞在していたときの逸話がある。旅館というものがない僻地の宿泊所で、宿の親父が夜になると酒を飲もうと誘うのだが、内村はクリスチャンで、酒は飲まないと最後まで断固として断ったという。そのようなカトリック教徒の清廉さが、佐渡に内村のファンを生み出した。『佐渡新聞』の初代の社長で、佐渡中学の創設を運動した森知幾は、内村の影響を受けて水産伝習所に入った。森の父親は、佐渡奉行所の地役人である。『佐渡新聞』は、内村鑑三の論文を掲載し、あるいは水産伝習所で一緒だった田岡嶺雲（――かれは幸徳秋水の友人でもあった――）の論文も掲載していた。こういった点で、『佐渡新聞』は単に地方の動向を伝える新聞だったのではなく、中央の言論界、出版界の流れを直接的に紹介するものであった。

内村鑑三
1861-1930

明治30年代中ごろからの『佐渡新聞』には、18歳になった北一輝の論文も度々掲載されている。『佐渡新聞』が発刊されたことで、佐渡中学を中退し、大学には聴講生となっただけの10代の北にも、論文や詩歌を投稿し、社会的に発言していくという道がひらけた。
　20歳の北が『佐渡新聞』に投じた論文の一つに、日露開戦論がある。その中で北は、自分に一番影響を与えたのは内村鑑三である、と書いている。
　「実に内村鑑三の四字は過去数年間の吾人に於ては一種の電気力を有したりしなり。」
　内村鑑三は、日清戦争のときには、これを「義戦」と呼んで積極的に開戦を主張しながら、日露戦争に際しては、「非戦」論を展開した。日露非戦論を展開した代表的な人物は、クリスチャンの内村鑑三と、社会主義者の幸徳秋水であった。北一輝は、自分に非常なる影響を与えた内村鑑三がなぜ日清戦争を肯定しながら日露戦争には批判的なのか、満20歳になった明治37(1904)年の論文「日本国の将来と日露開戦」で批判している。
　しかし、そういった時局論以上に、北が内村鑑三から大きな影響を受けたのは、内村の「維新革命」という史観であったろう。北が内村の「維新革命」、すなわち明治維新論とそれを完遂すべき西郷隆盛の西南戦争という歴史的認識を知ったのは、内村が明治27(1894)年に刊行した『日本及び日本人』(民友社刊。のち『代表的日本人』と改題、改訂)によってだとおもわれる。この『日本及び日本人』は日清戦争中の出版であるが、この刊行時に北一輝(本名、輝次。のち輝次郎と改む)は数え12歳である。『日本及び日本人』には「代表的日本人」として、西郷隆盛、上杉鷹山、二宮尊徳、中江藤樹、

日蓮上人の五人があげられている。若き北が、このうち最も関心を
いだいた人物が西郷隆盛と日蓮とであったろう。とくに、その西郷
論は北の「維新革命」観を決定するほどの大きな衝撃を与えた、と
考えられる。

　内村鑑三は、まず明治維新を「維新革命」という名で呼ぶ。これ
じたいが、すでに北一輝の明治維新観を決定した、といっていいか
もしれない。内村鑑三はそのうえで、この「維新革命」を体現した
のが西郷隆盛であった、というのである。

　「維新革命における西郷の役割を十分に記そうとすれば、革命の
全史を記すことになります。ある意味で1868年の日本の維新革命
は、西郷の革命であったと称してよいと思われます。」(傍点引用者)

　内村はここで、明治維新のことを、明らかに「1868年の日本の
維新革命」と呼んでいる。それは若き北一輝が「維新革命」という
概念を用いるさいの前提となっているだろう。

佐渡時代の三兄弟
左より　昤吉(16才)　一輝(18才)　晶作(14才)

では、若き北一輝は内村鑑三の影響を受けただけなのだろうか。そうではない。内村は「謀叛人としての西郷」の一章で、西南戦争における西郷を、次のように捉えようとしていた。
　「西郷は、いうまでもなく時の政府に対し強い不満を抱いていました。しかし、彼ほどの分別ある人間が、ただ怨恨だけの理由で戦争を始めるなどは想像しがたいことです。少なくとも西郷においては、反乱は、自分の生涯の大目的が挫折した失望の結果である、と言いたいのですが違っているでしょうか。1868年の維新革命が、西郷の理想に反する結果を生じたために、それは直接西郷が招いた事態ではないにせよ、西郷は、言い知れぬ魂の苦悩を覚えていました。もしかして反乱が成功するなら、その一生の大きな夢が実現することもあるのではないか。疑念を抱きながらもわずかの希望を託して、西郷は反乱者と行動を共にしました。」
　ここで内村は、西郷が理想としていた「維新革命」を明治政府が裏切っていった、と考え、「反乱者と行動を共にし」た、と解釈している。
　しかし、北は明治維新が「国民国家(＝公民国家)」を実現せんとする民主主義革命であったと考え、「大久保利通の絶対専制」に対する抵抗、すなわち「維新革命」の成就が西郷の西南戦争の目的であった、とみなすのである。その北の歴史観にあっては、西郷は「謀叛人」ではない。そのようにして、北は内村鑑三の「維新革命」観を継承しつつ、これを乗り越えてゆくのである。
　ともあれ、少年時代から、青年時代の北一輝に注ぎ込まれた思想は、佐渡にあった独特の尊王思想、自由民権運動、内村鑑三のようなキリスト教や「維新革命」の歴史観、あるいは後に山路愛山なども主張するようになるキリスト教社会主義の考え方だった。なお、後の『国体論及び純正社会主義』では、国家社会主義という文脈で、山路愛山にやや肯定的な形で言及している。

石塚照(卓堂)と長谷川清(楽天)

　北一輝の少年時代、青年時代の佐渡は、文化的・思想的水準としていえば、決して日本海の辺境ではなく、固有の文化と明治新時代の思潮が勢いよく流れこむ思想的水準の高い場所であった。徳川幕府の学問所の修教館で教授をつとめていた円山溟北が明治になってから開いた学古塾の弟子たちが、両津の町の塾や北一輝が学んだ佐渡中学の教師になっていた。その代表的な人物が石塚照である。佐渡中学の漢文の教師だった石塚照(号、卓堂)は、北に大きな影響を与えたと思われる。北は千ページに及ぶ『国体論及び純正社会主義』を最初、自費出版で出した際、その版元の名称を「卓堂書房」としている。卓堂は、さきにふれたように、石塚の号だった。

　石塚照は円山溟北の弟子であり、漢文の達人であったと同時に、明治政府に抵抗した西郷隆盛を大変に尊敬しており、体形も太っていて風貌も少し西郷に似ていたことから、「小西郷」というあだ名がついていた。石塚の書いたものは、わずかな漢文を除いてはほとんど残っていないので、中学でどのような教育をしたのかは知られていない。実際に西郷隆盛あるいは西南戦争をどうとらえていたのかわかれば、北一輝の思想に注ぎ込まれた思想の水源の一つが明らかになるだろう、と思われる。

佐渡中学でもう一人、北に大きな影響を与えたのが、若い英語教師であり、同時に西洋史も教えていた長谷川清だった。なお、長谷川の西洋史に対し、石塚は中国を含めた東洋史も担当していたようである。
　長谷川清は号を楽天といい、『佐渡新聞』の巻頭論文をたびたび執筆し、生涯にわたって北一輝と付き合いを続けた。長谷川の長男・海太郎は『丹下左膳』を書いた林不忘である。次男の潾二郎は画家、三男の濬はロシア文学者、四男の四郎は『シベリア物語』などの作品で知られる作家である。長谷川清(＝楽天)は、『佐渡新聞』の最初の論説委員あるいは主筆のような立場で、ほとんど毎日のように記事を書いていた。中学教師であると同時に、『佐渡新聞』で活躍していた長谷川は、後に函館に渡り、函館新聞の社長になった。
　北一輝の思想を考える上で、こうした人物たちの感化を受けた、佐渡での文化的・思想的意味を見落としてはならないだろう。

石塚照(卓堂)と長谷川清(楽天)

日露戦争前後の東京

　北一輝は23歳の明治39(1906)年、『国体論及び純正社会主義』を東京で自費出版する。それ以前に早稲田大学の聴講生になったり、上野の帝国図書館に通って勉強するといった日々もあった。東京で自己の思想形成の仕上げをしていたこの時期、最も近しい関係にあったのが幸徳秋水や堺利彦であり、かれらから社会主義的な考え方を学んだ。

幸徳秋水 1871-1911　　堺利彦 1870-1933

　北一輝は「私は帝国主義的社会主義者である」という矛盾した言い方をしているが、石川啄木も同様のことを述べている。日本が世界で覇権を争うという意味では帝国主義だが、同時に日本の国益を守りつつ国民に利益をもたらし、貧困から救ってゆく。それはしかし、できるだけ平等に、富を社会主義的に分配しようという考え方である。対外的には帝国主義であり、国内的には社会主義である。そのようなことが可能なのか、いやナチスと同じ国家社会主義だろう、ということも含めて、北一輝と石川啄木は似たような考え方をしていた。つまり、ある意味で、国家社会主義思想、そうしてファシズム＝革命に通じている。すこし年長の山路愛山が国家社会主義という言葉を使ったのも、ほとんど同じ時期だった。

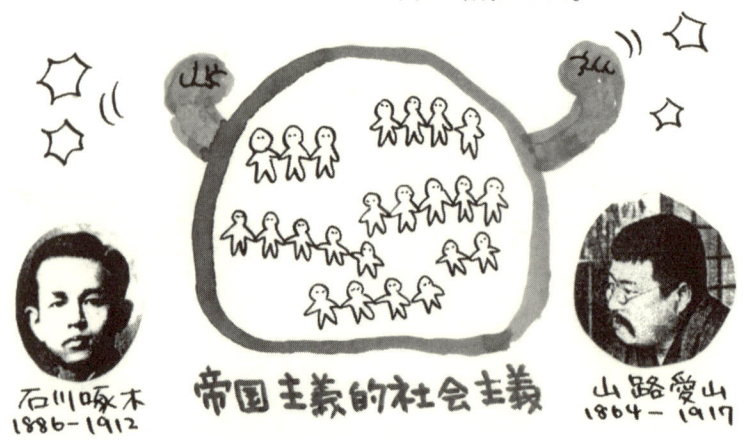

石川啄木 1886-1912　　帝国主義的社会主義　　山路愛山 1864-1917

石川啄木が生まれたのは明治18(1885)年の末か翌19年の初めとされ、明治16年生まれの北一輝と年齢も近い。北の周囲の人物を見ると、大川周明が明治19(1886)年生まれ、中里介山は明治18(1885)年生まれである。日露戦争の頃に20歳前後になった彼ら「明治末年の青年」は、日露戦争に関して共鳴しつつ、資本主義の弊害を超える社会主義に関心を持っており、国家と革命の未来を自分の運命に重ね合わせてみるところがあった。要するに、戦争によって資本主義が発達し、より貧しくなった国民を救うのも国家でなければならない、と考えたのである。

　佐渡から上京して半年もたたないうちに『国体論及び純正社会主義』を世に問うた北一輝は、やはり一種の天才だろう。思想的ラディカリズムの天才である。わたしは20歳のころ、過去の人物について、天才という言葉を使うことを避けていた。それは、天才という言葉を使えば、じぶんは否応なく、天才ではない、と認めざるをえなくなるからだった。しかし、啄木のことを書いたころから、啄木はやはり、一種の(詩歌の)天才である、と考えざるをえなくなった。

　それはともかく、この『国体論及び純正社会主義』に書かれた内容は社会主義であるが、その考え方は、今日でいうところのソシアリズムという形で評価するよりは、社会主義革命的な内容を持つ孟子の思想と陸続きであると考えたほうがよいだろう。幸徳秋水がよく使った言葉だが、「貧しきを患えず、均しからざるを憂う」という平等思想である。貧しいこと自体によって社会はおかしいと考えるのではなく、平等ではないことを憂える。だから社会主義を目指す、ということになる。この考え方を儒学の「公民国家」から近代の「国民国家」へと展開しているのが、北の『国体論及び純正社会主義』にある純正社会主義だろう。

『教育勅語』への批判

　『国体論及び純正社会主義』が危険視され、発売禁止にされてしまうのは、そのうちの国体論批判の思想が原因になっている。本来、国民国家をつくるはずであった明治国家が、「万世一系」天皇神聖の国体論をつくりあげ、天皇は現人神であるとして国民の精神的自立を妨げる天皇絶対制国家をつくった。一国が独立するには国民に精神的な自立が必要であるのに、それを圧殺し、すべてを天皇の下に捧げ、命も捧げるという中世的な忠君思想の国体論はおかしい、と北は述べている。それは、いわば「東洋の土人部落」、未開部落の酋長のように天皇を崇め祀っている未開の状態であり、近代的な愛国思想(ナショナリズム)ではない、というのである。

　「愛国」という思想は近代の国家主義、ナショナリズムであり、すでに忠君を理想とする前近代的な時代ではないと主張した。北は、明治天皇に対しては「生まれながらの奈翁(ナポレオン)」という表現で、明治天皇が率先して維新革命すなわち国民国家への変革を行なった、と絶大な尊敬の念を抱いていた。しかし、天皇絶対制に対しては、明治政権によってつくられた復古主義だとする。天皇は「万世一系」であると国体論はいうが、そんなことは事実としてない、それは神話、明治に始まるフィクションであると述べている。いわば土人部落の酋長を盲目的に崇めるのが、明治政権の創り上げた復古的な国体論であると批判している。ここが、天皇現人神説を確立した日露戦争後の当時、北一輝が不敬とみなされた点である。

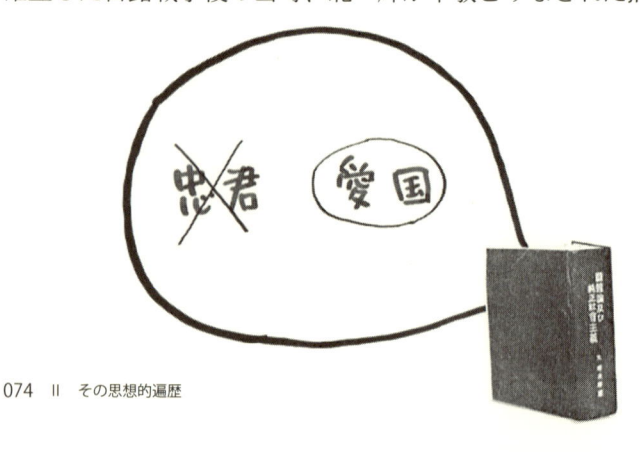

これ以前、北は明治36(1903)年、20歳になったばかりのころ、『佐渡新聞』に「国民対皇室の歴史的観察(所謂国体論の打破)」という論文を発表している。
　この論文は、連載2日目にして、不敬であるとの攻撃を受け、掲載中止に追い込まれている。
　若き北一輝は、その論文で、古代においては天皇制が絶対的権力を握っていたが、その後の歴史をみると、実際には天皇の名を使って武士が仕事をする、武家が全権力をもって政治を担当する体制に変わっていった、という。明治の国体イデオロギーのように、天皇から権力を奪った者を「乱臣賊子」であるというならば、足利尊氏も徳川家康も乱臣賊子である。しかし、その武家権力の体制を日本国民はずっと認めてきたのであり、従って国民もすべて乱臣賊子になる。北はむしろ、この「乱臣賊子」すなわち国民こそが国家を支え、運営してきた、という考え方をとっている。

北はすでにこの論文で、天皇は古代を別にすれば、国家運営の機関にすぎない、と考えはじめている。すなわち、天皇の名を使って、かつては武家が、明治になってからは国民が日本の政治を担当している、という明確な認識を述べている。
　いわば、国民が担いでいる神輿、その上にのっている鳳凰と同じようなシステムが天皇制なのだ、国民が担いで行く方向に行くしかない、それで政治はうまくいくという考え方だとみてよいだろう。そのような天皇機関説によって、『教育勅語』にある「万世一系」の神聖国体論を批判し、天皇＝現人神説を批判している。この北一輝の思想が、明治国家権力によって忌避されたわけである。

「自殺と暗殺」

『国体論及び純正社会主義』が発禁になった明治39（1906）年の12月に、北一輝は「自殺と暗殺」という論文を発表している。

じつは、北が「国民対皇室の歴史的観察」の掲載中止を受ける直前、日光の華厳の滝で一高生の藤村操（満16歳10カ月）が飛び降り自殺した。藤村の遺書には、「万有の真相は唯一言にして、つくす、曰く『不可解』」といった内容が綴られていた。

日露戦争のころまでは、日本は西洋に負けないような国として、「文明開化」し、国民国家として自立し、「優勝劣敗」の世界史の中で民族競争をして生き残っていく、という国家目標がはっきりしていた。その国家目標のもとで、国民一人びとりが、自分の役割を見いだすことができた。「立身出世」の時代である。司馬遼太郎の『坂の上の雲』に描かれている、国民一人びとりがそれぞれ一つずつ小さな歯車を回していたという認識に近い。国民一人びとりが汗を流して一つずつ小さな歯車を回すことによって、日露戦争という国家の大きな歯車を回し、民族の運命を担っていた、と。

国民国家の確立と、欧米列強との競争に勝ち抜く、という国家目標であった日露戦争に勝ったことで、その先に何を目標にしたらよいか、国民はわからなくなっていった。天皇制は絶対主義化し、国家は帝国主義化するが、それは他の民族を圧殺・収奪するような振る舞いとなり、あるいは日露戦争で大儲けする財閥が出来上がる。一方で国民は、相変わらず細々と暮らしており、都市には石川啄木が詩歌に描いたような、ムラ共同体から根こぎされた不定形（アモルフ）な大衆（マス）が出現しはじめる。また、戦死した兵士の父母や未亡人は働き手を失って困窮するなど、経済的な二

極分解があらわになっていた。国民が目標を失い、使命感を喪失した社会で、煩悶、厭世、堕落、苦悩、自殺といった言葉が流行語になり、なんのために我々は生きているのかという迷いの時代に入っていった。

　日露戦争の勝利で、日本は国民国家としては自立するが、その国民国家をより強固にするための天皇制国家と帝国主義化への移行が始まっていた。これに対して、国体論者からは『教育勅語』をタテに、国民はどうして迷うのか、天皇のような神聖なる存在を戴いている日本国民ではないか、あの日露戦争も現人神の天皇のために戦って勝ったのだ、といった国民の精神的自立を否定するような論調が出てくる。

　日露戦争において、国民＝兵士は、自ら国家の一員という使命感で戦った。その国民的使命感は、子どもが大きくなったときに日本という独立国がなくなっているようなことがないように必死に戦うのだ、という思いとなって、当時の兵士たちの手紙の多くに綴られている。これに対し、その勝利は天皇が神聖であるから、またその神の仕事を翼賛するような軍神がいたからである、という神話が明治政府によって、つくられていった。そこでは、国民の個々の歯車としての役割は無視され、神聖天皇制国体論がより強化された。

そのような社会状況において、実際には国民が煩悶し、多くの若ものや女性たちが当時自殺した。青年が華厳の滝から飛び込む、あるいは火山に飛び込む。
　北一輝は「自殺と暗殺」で、このような国民の精神状態を放置してよいわけがない、かれらはなぜ自殺するのか、と論じている。『教育勅語』によって、国民は天皇のために命を差し出せ、死ねと教えられているが、それは国民の精神的自立を阻害する。このように自殺が多くなっているのは、国民が『教育勅語』によって示された国民道徳の下で煩悶しているからであり、そのような国民道徳では国民は精神的自立を保持できず、国家の一員となれないのではないか。それはいずれ、国家への反逆となり、そこに「革命的な暗殺」が生まれるかもしれない、と予言している。
　「山雨来らむと欲して風　楼(たかどの)に満つ。余輩は煩悶(はんもん)の為めに自殺すといふものゝ続々たるを見て、或は暗殺出現の前兆たらざるなきやを恐怖す。」
　意外なことに北は、煩悶のために自殺をするという人びとが続々とつづく当時の社会状況をみて、これは「暗殺出現」の予兆ではないか、と観察するのである。ではなぜそんな「煩悶」が国民に起きているのか。

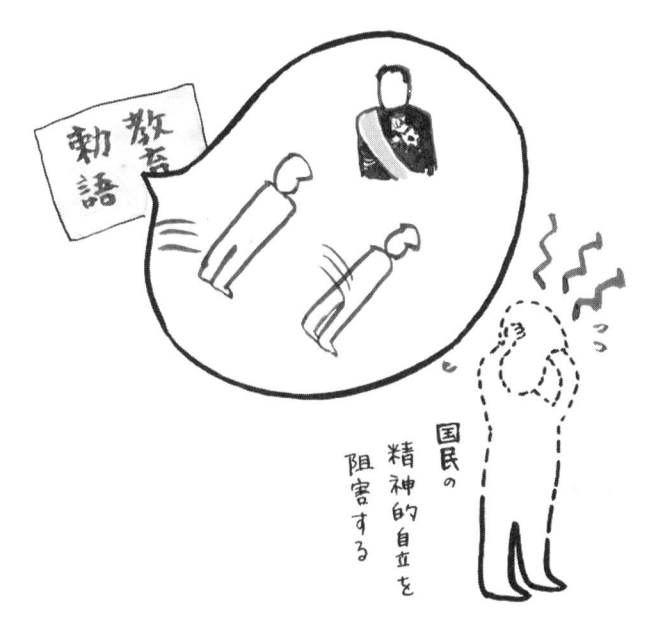

大逆事件の予告

　このあとの北の論理は反語という方法を用いて、北の思想的ラディカリズムが十分に展開されている、といえよう。
　「……余輩は実に厳格に思索して問題の根底より『煩悶とは何ぞや』と叫ばんと欲するものなり。苟（いやし）くも万世一系の皇室を戴き万国無比の国体に生息するもの只忠君愛国の道徳あれば足る。何為（なんす）れぞ其れ煩悶するや。神を求むるなりと云ふべし、而しながら大日本帝国臣民の生を享けたる意義は天皇陛下に忠義を尽くさんが為めなり。何為れぞ其れ煩悶するや。生活の困難は貧民の義務なり。坐食する財産なきものゝ恋情を起すは越権なり。武士道は日本の名物なり。刺客伝は国定教科書にあらず。文部大臣の訓令は只拳々服属（膺）（けんけんふくよう）すべし。何為れぞ其れ煩悶するや。
　余輩は断言す。煩悶とは個人が自己の主権によつて他の外来的主権に叛逆を企つる内心の革命戦争なりと。」（傍点引用者）
　北はいう。——いやしくも日本国民が「万世一系の皇室を戴き万国無比の国体」の中に生息しているものとすれば、「忠君愛国の道徳」があれば、それで十分ではないか。それなのに何で「煩悶」するのか。神を求めるためかもしれない。しかし、日本における神は天皇であり、その神なる天皇に「忠義を尽く」すことが国民の道徳にほかならないではないか。にもかかわらず、日本国民はいま「煩悶」している。なぜか。

それは、煩悶という行為が「自己の主権」を主張して「他の外来的主権」に対応し「叛逆」することであり、つまりは「内心の革命戦争」にほかならないからだ、というのである。
　この北の洞察は、みごとというしかない。そして、としたら、「内心の革命戦争」によって煩悶するものは、いつか自己の外の「他の外来的主権」それじたいに「叛逆」してゆくかもしれない、と北はいう。そして、その煩悶という「内心の革命戦争」に敗れたものが自殺し、勝ったものは「他の外来的主権」に対する「叛逆者」となっていくだろう。ここに革命家が生まれる。
　それゆえ、もし国家権力が国民に煩悶をおこさせたくないとするなら、個人が「自己の主権」を補強するような材料、すなわち「内心の革命戦争」に思想的弾丸を供給するような外国の思想や文学などは差し止めなければならない、と。
　この論理にひそんでいる北の反語的表現の冴えと、当時かれが注目していた外国の思想や文学が何であるかを知ってもらうために、その一節を引いておこう。
　「余輩は尊王忠君の名を負へるものが此の反旗を必ず法律の国境内に進入せざらしめんと努むべきを信ず。而しながら注目すべきは全世界の後援によつて叛徒の力の測るべからざることなり。彼等はニーチエによりて個人至上主義の弾丸を供給せられ個人主義の火を煽りたり。トルストイの紹介によりて国家の否定、租税の拒絶、徴兵の峻拒は地雷火の如く忠君愛国の地下に埋められたり。虚無党員のゴルキー、ツルゲーネフの断片的翻訳は大砲の如く屡々空を破つ

て飛べり。而して更にクロポトキン、バクーニン等の無政府主義者の爆裂弾は続々として輸入せられんとす。豈恐れざる可けん哉。」

　北は、もし国家権力がほんとうに国民の「自己の主権」によって生じる煩悶におそれをいだくならば、トルストイやニーチェやゴーリキーやツルゲーネフやクロポトキンやバクーニンの翻訳者を捕縛して梟首にすべきだ、という。もちろん、そんなことは出来ようもない。近代の国民国家にあっては、国民における「自己の主権」を抑圧することなど出来はしない。

　かくして北は、いう。

　「余輩は予言として恐怖するものなり。思想界に於ける叛徒は内心の革命戦争に苦闘して瀑に走り火山に赴きて敗北しつつあり。(中略)希くは彼等の前に希望の閃光を投ずなかれ。あゝ誰か煩悶的自殺者の一転進して革命的暗殺者たるなきを保すべきぞ。」

ここには、明治維新革命の結果、民主主義を理想としてその土台たる「個人至上主義」、ひいては「無政府主義」さえ肯定するならば、「煩悶的自殺者」は一転して「革命的暗殺者」となる可能性さえ否定できない、という北の論理的帰結が導きだされている。その論理的ラディカリズムこそ、北一輝がまさに近代の申し子であることを証明していた。

　つまり、近代の申し子である北一輝にとってみれば、明治43(1910)年、一部の無政府主義者が天皇暗殺を企てたという大逆事件は、民主主義革命であった明治維新を完遂することが出来ていない日本の、一つの論理的帰結にほかならなかった。それを恐れるがゆえに、北はのちに、国民国家の完成を軍事クーデターによって行なうという思想的地点に踏み出してゆくのである。これが、徳川時代の儒教道徳のなかで育った山縣有朋や森鷗外らが大逆事件に対してただ恐怖のみを感じた感性と、決定的に異なっている。

　要するに、北が明治39(1906)年に宮崎滔天らの編集する『革命評論』に発表した「自殺と暗殺」は明治43(1910)年の大逆事件の予告に近いような内容だったのである。

宮崎滔天　とうてん
1870-1922

熊本県荒尾に生まれる。東京で学び、自由民権運動を識った。孫文の活動を終生助けた。1906年「革命評論」を創刊する。

THE REVIEW OF REVOLUTIONS.

革命評論

辛亥革命への自己投入

　北はその明治国体論への批判や、大逆事件を予告するような論理的鋭さも持っていたために、日本国内では活動できない状況に陥った。その結果北は、中国のナショナリズム革命に心血を注ぎ、儒教文明と華夷秩序に閉じ籠っている清朝を倒そうとして日本に亡命していた中国の革命家たち、孫文や章炳麟(太炎)や黄興や宋教仁らとの付き合いを深めた。とくに、北と年齢が近く、ナショナリストであった宋教仁と盟友になった。北の中国革命への自己投入は、一種の、日本からの亡命であったといえよう。

　1911(明治44)年11月10日、武昌に辛亥革命が起こった。これは中国各地で清朝の打倒と近代の国民国家への変換を模索して、革命蜂起をくりかえしていた中国全土にひろがった。中国に戻って革命運動に参加していた宋教仁から電報で呼ばれた北一輝は、辛亥革命に参加すべく上海に向かい、南京に入り、武漢に赴く。日本でやることがなく、思想的闘争の道が封殺されていた北にとって、中国のナショナリズム革命に自己投入する目的が生まれたのである。

北一輝
(28才、上海にて)

武昌蜂起：武昌の陸軍が蹶起して、辛亥革命が始また。

孫文
1886-1925

章炳麟
1869-1936

宋教仁
1882-1913

北一輝は『国体論及び純正社会主義』で、大きな思想的な主張として、日本に国民国家をつくるのがじぶんの純正社会主義、すなわち社会民主主義の革命である、と述べている。そこでは、その方法として普通選挙を実施すればよいとしており、ことさら過激なことを言っているわけではない。それに、北は普通選挙の実施のために具体的な行動をしたわけではない。

　普通選挙運動は、但馬の出石出身の政治家である斎藤隆夫などが展開し、現実的に青年をその政治運動に集め、推し進めていた。税金を10円以上納めなければ持てなかった選挙権を、すべての国民に与えよ、という運動であった。近代の主権者としての国民全員の、政治参加の要求である。斎藤は地元の出石の青年たちに、今は選挙権を獲得できないかもしれないが、君たち青年が政治を支えているのであり、この普通選挙を実施しなければ国民国家の完成には至らないのだ、と訴え続けた。そうした意味では、選挙権を一般国民（男子）に与えようという具体的な運動は、斎藤隆夫などが明治末年から大正初めにかけて、すでに行なっていた。

軍事クーデターによる革命

　北一輝が中国革命に自己投入していったとき、そこでは実際に、清朝軍と農民主体の革命軍のあいだの革命戦争が行なわれていた。

中列、左北一輝、右宋教仁（上海の一輝の部屋にて）

　日本でも、軍隊は農民出身者を兵士の主体としていたが、それは、当時の日本が徴兵制でいわば国民皆兵制であったからだ。ここに、農民＝国民＝兵士という構成のイメージが生まれ、それがのちに「飢えた農民」を救うために国民軍は蹶起しなければならない、という精神的衝動に結びついた。それは、軍隊は近代の国民国家を支える国民軍であり、この国民軍がネーション（国家＝民族＝国民）を守るという仕組みである。とはいえ、日露戦争のあと、日本は天皇制国家の様相を濃くしていった。国民＝国家ではなく、天皇＝国家の体制になる。その神話の完成者となったのが乃木希典であり、乃木は天皇＝国家に殉死していったわけだ。

乃木希典 (1849-1912)

陸軍大将として日露戦争を指揮した。明治天皇の大葬の夜に、妻と自刃した。

　北はこの天皇＝国家の体制に、叛逆したのである。それが、軍隊は国民＝国家のためにある、という北の軍事クーデターの基本発想である。この発想は、中国で清朝軍が皇帝のみを守る行動をとり、これに国民＝革命軍が抵抗したことに学んだものである。これによって北は、革命と軍隊を結びつける発想を得た。すなわち天皇の名前を掲げれば、日本においては革命が正当性を持つという考えのもとに、北は軍事クーデターによって革命を行なう方法を独創する。かれが一人で考え出した論理であった。

　明治39(1906)年刊の『国体論及び純正社会主義』では、普通選挙によって日本の革命を起こせばよいと考えていた北は、1911(明治44)年の辛亥革命に加わったことで、軍事クーデター、国民軍のクーデターと天皇の名前を結びつけるに至る。しかも、その国民軍は、国民の約7割が農民であった時代の必然性として、「飢えた農民」＝国民を救うべく軍隊がクーデターを発動し、これによって革命を遂行する、というのちの二・二六事件への大きな方向性を生み出すわけだ。

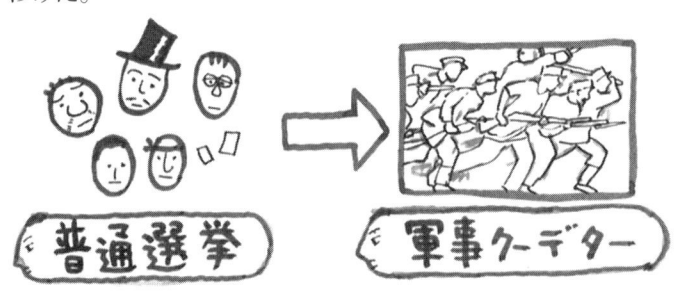

普通選挙 → 軍事クーデター

軍事クーデターによる革命　087

『支那革命外史』から『日本改造法案大綱』へ

　北一輝とほぼ同年齢の宋教仁は、辛亥革命で清朝が倒れた後、袁世凱政権の内閣法制局長官として、共和国の憲法をつくる役割を担った。宋教仁は中華民国の憲法(「臨時政府約法」)をつくるのに最も力を尽くし、議会政党としての国民党をつくった。さらに農林大臣まで務めたが、反革命的で独裁的であった袁世凱に抵抗して、責任内閣制を主張した。辛亥革命の中心的役割を担った一人であった宋教仁は、しかし、袁世凱に敵視され、中華民国成立からわずか1年3カ月後に暗殺されてしまう。宋教仁と密接な関係を築いていた北一輝は、宋が中国革命のために日本で資金調達に尽力していたこともあり、独裁的な権力を強め皇帝に就いた袁世凱にとっては目障りな存在だった。宋が孫文とも対立していた関係もあり、また袁世凱が日本政府に北の国外追放を要請していたこともあって、北は在上海総領事によって中国から3年間の国外退去を命じられた。北は、大正2(1913)年4月に帰国した。

宋教仁の葬式の時の北一輝

しかし、最近明らかになったことだが、大正3(1914)年9月、北一輝は北京に密航している。公開された外務省文書から発掘された事実である。上海では領事館員などに顔を知られていたことから、北京に向かったのだが、結局は逮捕された。このときの外務大臣が牧野伸顕であり、北はのち牧野伸顕を「君側の奸」として批判することになる。

　密航した北京から追放された北一輝が、日本に戻り、その無為の日々に、辛亥革命はいかに行なわれたか、その中でどのような共和制的な国民国家の形成が行なわれ、皇帝に就任した袁世凱との闘争をへて敗北していったか、また宋教仁がどのような形で暗殺されたのか、そうして袁世凱政権との連携によって日本政府がいかに革命を潰したのか、それゆえに日本の外交戦略の変革が必要とされていることを書いた本が、『支那革命外史』(大正5年刊)である。中国革命の実体験からかれの歴史哲学を説いた、きわめて刺激的な書である。この書によって、北は吉野作造から認められた。

　吉野作造は大正デモクラシーを民本主義という名のもとに領導した、東京帝国大学法学部の教授である。吉野の知己を得た北一輝は、大川周明と猶存社結成の同志となり友人関係になった後に、大川に吉野作造に論文を出して博士号をとれ、と勧めた逸話が残っている。実際、大川は吉野のもとで法学博士号を取得している。大川は五・一五事件に関与して投じられた獄中で、自分の人生で感謝する人物として挙げた中に、北一輝、吉野作造の名を書き記している。

北一輝は、中国からの国外退去の禁止期間が解けた大正5(1916)年に再び上海に渡った。中国では第2革命、第3革命と混乱が続いており、そこに帝国主義日本が介入していた。

　日本がその前年(大正4年)につきつけた「対支21箇条の要求」により、中国では5月7日に、これを受け入れた袁世凱政権に対する反発が激しくなり、反日運動も起こりはじめていた。大正8(1919)年、なおも上海に滞在していた北は、「五・九国恥記念日」をはじめとして、毎日のように反日デモ、日貨ボイコット運動に遭遇した。滞在している旅館から下を見ると、反日運動をする青年たちのデモが見える。日本の対外政策に疑問を抱いた北は、日本の「外交革命」のみならず、日本の国家改造を考えるようになった。これがまず、『国家改造案原理大綱』(後に『日本改造法案大綱』)としてまとめられた。北がこの軍事クーデター＝革命の綱領を書き始めたのが、大正8(1919)年の半ばであった。

この執筆中に、すでに日本で北と知り合っていた満川亀太郎の指示で、大川周明が大正8年8月8日、唐津から船に乗って、上海の北一輝を迎えに来た。国家改造を目指していた満川は、大川と共に猶存社を設立し、どのように日本を改造するべきかを構想できる人物として、北を思い浮かべたのである。つまり、『支那革命外史』を読んでいた満川が、北を日本に呼び戻そうと提案したのである。大川が上海に上陸し、北を訪ねたのが、ちょうど『国家改造案原理大綱』を書いているさなかという、絶妙のタイミングだった。北は、半ば出来上がっている原稿を大川に託し、上海で最後の部分を書き終えて、同年末に長崎を経由して翌9年早々に東京に戻った。ここに、国家改造運動団体の猶存社三尊とよばれる北、満川、大川が揃ったのである。

猶存社での北（大正11年1月）
（大川周明撮影）

『支那革命外史』から『日本改造法案大綱』へ　　091

III 国家改造運動へ

猶存社の三尊

　猶存社の北一輝の周辺には、大隈重信の若き右腕ともよばれた永井柳太郎がいた。永井は大正9(1920)年、衆議院に初当選して初めての演説で「西にレーニンあり、東にわが原敬あり」と述べたことで知られる。これは、レーニンがロシア革命によって労働者の独裁政党である共産党政権を作り上げたのと並ぶように、原敬はブルジョアジーの独裁政党の政友会を率いている、という批判であった。永井も明治の末年には平民社の周辺にいて社会主義思想の影響を受け、それゆえ社会政策に関心をもったので、ロシア革命が起こっても共産主義に恐怖心を抱くようなことはなかった。これは、猶存社の三尊といわれた北一輝・大川周明・満川亀太郎に共通する思想的傾向であり、かれらの友人であった永井や中野正剛にも共通していた。むしろ、そのような国内改革をしていかなければ、日本の資本主義が独占体制になって危ないと考えていた。

　大川周明も『平民新聞』を読んでいた。「明治末年の青年」たちにとって、資本主義はむしろ財

閥独裁のような独占資本主義としてとらえられ、財閥が富を独占して、労働者階級を搾取することへの危惧、憤りさえあった。これが大正青年の心情を財閥の攻撃へと誘うのである。北の『日本改造法案大綱』の中でも、財閥による富の独占は許せない、私企業の資本を1000万円限度とし、個人の私有財産も100万円を限度とすること、それ以上は国家が没収することが謳われている。経済における特権階級をなくすという民主主義的な意味での、資本限度を設け、独占資本主義を禁止するという考え方である。これは国家社会主義的であり、ファシズム革命の要素が生まれていた、といえよう。

猶存社で、北一輝、大川周明、満川亀太郎という明治社会主義の影響を受けた思想家・国家改造の運動家が活動している。彼らは明治国家の帝国主義化を超えてゆこうとしている。そのことによって、西田税らの軍隊改造をめざす軍人のみならず、若い知識人たちが次々に周辺に集まってきた。その中には、帝国大学の学生であった岸信介(戦後に首相)もいた。『日本改造法案大綱』を徹夜で読んで感激し、北一輝を訪ねたのである。その後、岸信介は革新官僚として満州国に赴き、統制経済、ある意味での社会主義的な計画経済である、統制経済を実行に移すのである。岸の革新思想のきっかけは、北の『日本改造法案大綱』にあった、ということもできよう。

このあと北のもとには、西田税をはじめとして、磯部浅一ら二・二六事件における主導的な青年将校たちも集まってきた。かれらは、大正から昭和における日本の貧困・差別・不平等・腐敗の撤廃を求めた。このため、青年将校たちは昭和初年代「赤化青年将校」とも呼ばれたのである。

朝日平吾の安田善次郎暗殺

『日本改造法案大綱』は、軍事クーデター綱領であるにもかかわらず、革命思想としての魅力を発揮し、青年たちの気持ちを国家改造にむかって奮い立たせる、そういうロマン主義的な力強さを持っていた。つまり、単にクーデターによる改革の項目を羅列するのではなく、これこそが日本を救う革命思想であること、そうしてその〈美しい革命〉を自分がやりたい、やらなければならない、と思わせる、そういう青年たちのロマン主義精神に火を放つようなところがあった。やや客観的な言葉でいえば、煽動する力があった。その煽動力ゆえに、これを読んで現実的に、社会変革に動き始める大正青年が出てきたのである。

その代表的な一人が朝日平吾だった。朝日は北一輝と面識はなかったが、東大の安田講堂を寄付した安田財閥の当主・安田善次郎を刺殺するテロ事件を起こした。安田善次郎は富山から上京して一代で富を築き、「奸富」あるいは「守銭奴」とさえ言われた立志伝中の人物である。一方、やや儒教的ではあるが経済活動によって社会貢献を目的としようとした澁澤栄一などが、経済人として尊敬をあつめていた時代に、まったく独力で安田財閥を築き、社会貢献などに対しては、じぶんはたくさんの金を儲けて税金を払えば、それが国家への貢献になる、と豪語していたのである。

安田講堂

安田善次郎
1838-1921

安田銀行
(→富士→みずほ銀行)
明治安田生命
安田火災(→損保ジャパン)
などの創始者

朝日平吾の行動は、どちらかといえば、「貧しきを患えず、均しからざるを憂う」という儒教倫理、経営にも道徳がなければいけない、民を救う経済でなければいけないという考え方にもとづいている。かれは澁澤栄一に共鳴して、大金を儲けた人たちは、社会奉仕、社会貢献、そうして労働者を救済すべきである、という運動をしていた。そのため、朝日平吾は財閥に働きかけて、労働者を救う組合をつくるとして、寄付を募っていた。経営者によっては、それに応じる形で資金を提供していたが、これを断固として拒んだのが、安田善次郎だった。

　安田善次郎も、じぶんは安田講堂を寄付して日本の教育を改革する、とぶち上げればよかったのかもしれない。安田が殺されたとき、かれが安田講堂の建設資金を出すことは決まっていた。税金をたくさん納めている、国はその税金を使って国民のために施策を行なっているのだから、間接的に国民の役に立っているという安田の論理は、必ずしも間違ってはいない。しかし、他の経営者たちが寄付や社会奉仕をすると言葉にしたのと、一人だけ違って、あたかも「守銭奴」であるかのような印象を世間に与えていた。

渋沢栄一
1840-1931

大蔵官僚時代、度量衡制度や国立銀行設立にたずさわった。辞任後、第一国立銀行、王子製紙、日本郵船他500以上の企業の設立にかかわったが、公益を図り、私利を追わず、との姿勢を貫いた。

『日本改造法案大綱』には、「政治的経済的特権階級」を倒せ、と主張している条(くだ)りがある。末尾(「巻八」)の次のような文章である。
　「天皇ニ指揮セラレタル全日本国民ノ超法律的運動ヲ以テ先ズ今ノ政治的経済的特権階級ヲ切開シテ棄ツルヲ急トスル所以ノ者、内憂ヲ痛ミ外患ニ悩マシムル凡テノ禍因。只コノ一大腫物ニ発スルヲ以テナリ。日本ハ今ヤ皆無力全部カノ断崖ニ立テリ。六千万同胞我ガ天皇ヲ抱キテ国ヲ枕ニ倒ルゝ大決意ヲ以テ根本的改造ヲ決行セズンバ、内崩外圧一時ニ殺到シテ二千五百年ノ史巻実ニ大正八年ヲ以テ閉ヅベシ。国家改造ノ急迫ハ維新革命ニモ優レリ。只天寵(てんちょう)ハコノ切開手術ニ於テ日本ノ健康体ナルコトニ在リトス。」(傍点、振リガナ引用者)
　北がここで発しているメッセージは、要するに、現時の「政治的経済的特権階級」は日本にとって「一大腫物」である。これを「超法律的運動」によって「切開シテ棄」てよ、ということである。
　国家改造の時は、いま明治維新革命のときにも勝って切迫している。「政治的経済的特権階級」という、「一大腫物」を切除せよ。——これを、テロリズムへの秘かな誘いの声と読みとることもできよう。

そして、このテロリズムへの秘かな誘いの声を聴きとって、「奸富」暗殺を実行したのが、朝日平吾であった。朝日はその「斬奸状」に書いていた。

「奸富安田善次郎巨富ヲ作ストイエドモ、富豪ノ責任ヲハタサズ。国家社会ヲ無視シ貪欲卑吝ニシテ民衆ノ怨府タルヤクシ。予ソノ頑迷ヲ愍ミ、仏心慈言ヲモツテ訓フルトイヘドモ改悟セズ。ヨツテ天誅ヲ加エ世ノ警メトナス。

大正十年九月

神洲義団団長　朝日平吾」

朝日平吾は、その「奸富」を屠るテロリズムの思想を、北の『日本改造法案大綱』から得ていた。かれの『死の叫声』には、「大正維新」の方法として、第1に「奸富ヲ葬ルコト」、第2に「既成政党ヲ粉砕スルコト」、第3に「顕官貴族ヲ葬ルコト」、第4に「普通選挙ヲ実現スルコト」、第5に「世襲華族・世襲財産制ヲ撤廃スルコト」、第6に「土地ヲ国有トナシ、小作農ヲ救済スルコト」……と、ほぼ北の改造方法にならった具体例があげられていた。しかも、朝日じしんが採る行動は、「黙々ノ裡ニタダ刺セ、タダ衝ケ、タダ切レ、タダ放テ。」という、後のテロリストの「一人一殺」いや「一殺多生」(血盟団事件の指導者・井上日召の言葉)を予告するものであった。

自分一人にできることを考えた朝日平吾は、日本刀を携えて一人の財閥当主を倒し、自らもその日本刀で首を切って死んだのである。『日本改造法案大綱』に影響を受けて、こうした直接行動に出たのである。自害した後には、血染めの着物を北一輝に届けてくれ、と朝日は書き残していた。これに対し、北は「朝日平吾の霊前への書翰」（大正14年10月11日付）を書いている。

　このように、朝日平吾と北一輝の関係は、テロリストと、そのテロリストを使嗾した思想家、という関係になる。いわば北の思想によって、一人の人間の精神が動かされたのである。二・二六事件の場合は青年将校たちが動き、社会が動いた。思想が社会を動かすという、基本形態のようなものが『日本改造法案大綱』にはある。北は、この朝日平吾の行動を「暗殺時代」のはじまり、とよんでいた。

　朝日平吾の安田善次郎刺殺は、大正10(1921)年9月28日である。北一輝が上海から戻ってきて、まだ1年半ほどの時期に、このような一人のテロリズムの行動が起こされた。ここから大正時代のテロリズムが始まるのである。同じ年の11月4日、原敬が中岡艮一に刺殺されている。

　テロリズムとは、社会的な武器を持たない、組織の力を持てない者が、国家を動かしている権力者や、経済界を牛耳っている者を暗殺することで、それらの人々を恐怖に陥れ、それによって国家や社会改造への機運を動き出させる、導火線とすることを目的としていた。

「魔王」北一輝

　北は盟友であった宋教仁が暗殺されたとき、なぜ宋のような中国革命の精華が暗殺されねばならなかったかと嘆いて、枕元に宋教仁の亡霊を見た、という神秘的な体験を語るようになる。日蓮宗に帰依し法華行者を任じていた北は、朝起きて法華経を読むことから一日を始めるようになっていた。

　また、北の妻が神懸かりするような女性だった。かの女は本名を間淵ヤスといい、結婚後はスズ子と名乗っていたが、朝の誦経のときに、何だかわからないが夢を見たとか、人の顔かたちが浮かんできた、という。北は、その夢や情景の内容を読み取って、日記『霊告日記』に神仏のお告げの内容を書く。その後、相談に訪ねて来た人に、『霊告日記』の内容を話しながら、今朝神仏のお告げがあり、答えがすでにある、といったようなことを語ったりしていた。

北一輝には、かれ自身がカリスマ性——アダナは「魔王」——を持ち、青年に影響を与えた例は、書いた文章の魅力だけでなく、実際の人間関係においてもみられる。

　北が上海に滞在中、シナ大陸浪人だった岩田富美夫という人物がいて、北が大川周明に渡した『日本改造法案大綱』の、最後の部分を岩田が日本に持って帰り、帰国後は北の手足となって動くようになっていた。岩田は、大正 12(1923) 年の関東大震災直後に虐殺された大杉栄の遺骨を飾った葬儀の場に乗り込み、その遺骨を奪うという行動を起こしている。

　安田善次郎を暗殺した朝日平吾が、北一輝に自分の血染めの衣を届けるように遺書を残しているのも、北の神秘性・カリスマ性を高めるのに効果を発揮した。北は朝日と会ったことは一度もない。ただ、北の回想によれば、その日の朝、ある人の顔が思い浮かんだ。そして新聞を見たら、安田を刺殺した朝日平吾の写真が出ている、それが朝の何気ない連想に出てきたのと同じ顔だった、というのである。結果的に血染めの衣が北に届けられ、これが右翼やジャーナリストなどの間で、北が国家改造運動家として高く評価される原因になった。北一輝のもとには、その血染めの衣を貸してほしいと言ってくる者もいた。たとえば、大行社をつくった右翼の清水行之助などは、その血染めの衣を持って安田財閥に行き、寄付をしてくれなければ困ったことになりますよ、これが何だかわかりますか、といった具合に脅して金品を寄付させていた。

北一輝は、「朝日平吾の霊前への書翰」(大正14年10月10日付)を書き、かれのテロリズムを自分の身を殺して大衆を救うという「一殺多生」、すなわち我が身を滅ぼして多くの衆生を救うという思想として引き取ったのである。
　「古今東西ノ史上刺客トシテ心事行動ノ玲瓏剛毅君ニ比肩スベキ者アリシカ、人ヲ嗾使(＝使嗾)シテ仇ヲ窺ハシムル者アリ、敵ヲ刺シテ逃ルゝ者アリ、不幸捕ハル者アリ、君ノ如ク彼ヲ仆セシ刃ヲ翻ヘシテ己レヲ屠リシ者ヲ見ズ。」
　初めから衆生を救うためのテロルであるから、そのために我が身を殺す。相手を殺すけれども、我が身も殺す。だからテロリストはその美学として、必ず自分の身を殺していかなくてはいけない。北はこのように、朝日平吾の自決を全面的に肯定している。これによって、テロリズムあるいはそのような直接行動に走る人は、北一輝に認められたいと願うような精神構造が生まれてくるのである。

北一輝の思想に従って、国家改造を組織的に行なえば、軍隊のクーデターということになる。個人で、つまり一人で出来ることをやるということになれば、朝日平吾のようなテロリズムになってくる。二・二六事件はいわば青年将校が集団で組織的にやったテロリズムであり、カリスマとテロリストの心理的な結合という構造がここに生まれた。北一輝の革命思想の隠然とした影響力が、国家改造を志す青年たちに現れてきた。それが青年将校たちにも及び、自分たちができるのは軍隊を率いてのクーデターである、という考えを植え付けた。

　五・一五事件の際、西田税はまだその時期ではないと制止したことから、血盟団の一員である川崎長光によって銃撃された。このとき、西田が北一輝の看護を受けて一命をとりとめたあと、二人は生涯離れられない関係になった。また、西田が撃たれたことを知った同志の若い青年将校たちが、枕元で北一輝がずっと祈り続けていることを知る。そのことから、かれら青年将校たちと北の直接的な関わりが生まれたのである。

猶存社の三尊 (2)

　猶存社三尊とよばれた北と大川と満川は、お互いにあだ名をつけ合っていた。それぞれ魅力的な文章を書き、知的な言葉の使い手でもあった。3人の資質の違いは、このころのかれらの著作のタイトルにも現われていた。革命思想家としての北の『支那革命外史』もしくは『日本改造法案大綱』、学者的な大川の『復興亜細亜の諸問題』もしくは『日本文明史』、そうして詩人的な満川亀太郎の『奪われたる亜細亜』である。

　北一輝は、軍隊改造からはじめて、絶対に国家改造をやるんだという大川周明に、スサノオというアダナをつけている。アマテラスに対して甘え反抗し、田んぼの畦を切ってしまったりする暴れ者のスサノオというアダナは、当時の大川によく合っている。大川はこれに対して、北が母親のリクから「善悪のものさしを胎内に忘れてきた」といわれていたので、お前は魔王だと切り返す。北一輝は、このアダナを喜んで、手紙の署名や二・二六のさいの遺書に大魔王観音と書いたりしている。満川亀太郎は常に世話役のような役回りで、おだやかに座って、穏当なところで意見をまとめる。思想のラディカルさではなく、豊かな人脈をもち、人を集め組織をまとめるのがうまかった。北はこの満川を、天神さんと呼んだ。

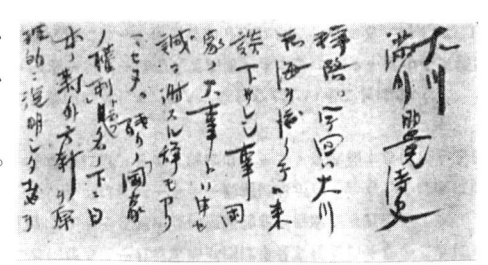

　北は、満鉄調査部

大川・満川宛書簡

のロシア語専門家であるロシア情報の諜報員であった島野三郎には、シマノフという、いかにもロシア風のアダナをつけている。お返しに島野は、北に高天原という名を献じた。この高天原というアダナは青年将校たちも採用していた。つまり、北一輝というのは、ふだんは高いところ、いわば空の上に上がって、ときに天下ってくる、

つまり現場に関与することはあまりないことを指しているのだった。現場の立ち合いは、西田が取り仕切った。このため西田は、一部の人びとから革命ブローカーとよばれ侮られた。

北の友人、中野正剛のこと

　北一輝にとって、一番の友人は中野正剛であった。中野正剛の経歴については後にふれるが、猶存社の同志だった大川周明は、山形県酒田の漢方医の息子。北一輝のライバルともいえる、軍事的天才で満州事変の作制者だった石原莞爾は、山形県庄内鶴岡藩士で、維新後は地方警察官となった父親の息子だった。庄内藩は明治維新で賊軍という扱いになったため、かれらは学費のかからない士官学校にすすんだり政治家や官僚ではなく学者の道を歩まざるをえなくなったのである。北一輝が生まれた佐渡は徳川幕府の天領だった。戊辰戦争では実際の戦場にはならなかったが、円山溟北を中心に佐幕軍を組織する動きもあった。北一輝も含め、彼に近い大川、石原

はかつての賊軍であった東北日本の出身である。要するに、近代日本のなかでは権力中枢から遠い。明治人の理想とした「立身出世」という観点からすれば、いわば負性を背負っていたのである。

これに対し、中野正剛は薩長土肥から外れた九州・福岡藩の出身である。舟手組という軽輩藩士の家柄で、中学までの同級生に、後年朝日新聞副社長になり、のちに自由党総裁になった緒方竹虎がいた。中野の柔道に対し、緒方は剣道。二人とも、福岡の伝統的ナショナリスト、アジア主義者の頭山満の玄洋社に関わりをもっている。中学時代に親しくなった二人は、東京へ出て、早稲田大学を経て、ともに朝日新聞に入った。二人とも、のちに政界に転じた。中野、緒方の思想はまず、玄洋社の頭山満のもとで培われた。この玄洋社の系統には、二・二六事件の後に首相となった広田弘毅もいる。

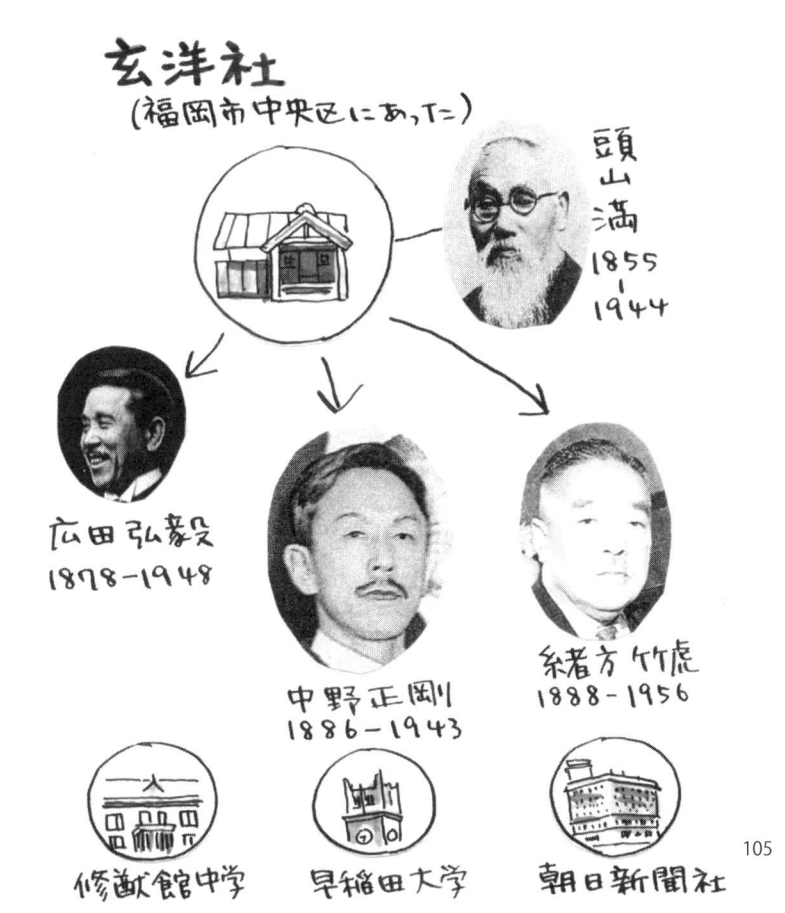

自覚的なアジア主義者

　中野正剛は自覚的なアジア主義者である。辛亥革命のときには、頭山満、犬養毅とともに、朝日新聞記者として中国に渡っている。また、中野は自由民権運動に深い関心を寄せていた。自由民権運動は、今ではデモクラシーという捉え方になるが、当時の言葉で言えば、反藩閥(薩長土肥)の反政府運動である。北一輝がいうところの国民国家(公民国家)、国民主権を実現する運動である、と規定することもできる。後に中野は『明治民権私論』を書いて新聞記者から政治家に転身した。

　大正3(1914)年、中野は朝日新聞記者の身分のままロンドンに留学した。政治家になるためにはイギリスの議会制度、民主主義を学ばなければならないという明確な目的意識による渡英だった。しかし、このとき、中野が神戸から乗ったロンドン行きの船は、上海、香港、シンガポール、マレー半島のペナン、スリランカのコロンボに寄港し、インド洋をわたってスエズ運河を通り、地中海を経由した。このときの旅日記は『日本及び日本人』に掲載され、その後『亡国の山河』として一冊にまとめられている。中野はその中で、じぶんはロンドンへ向かうために、アジアの港をたどってヨーロッパにたどり着くと思っていたのに、そのアジアの寄港地にはすべてユニオンジャックの旗が翻っていた。すべて大英帝国の植民地となっているか、その支配下にあったのである、と。アジアはまったく亡国の状態にあるということから、『亡国の山河』というタイトルがつけられた。

中野は、イギリスの議会制度、民主主義を学ぶための旅によって、自覚的なアジア主義者、つまりアジアを復興させねばならないという意志を固めるに至った、と旅日記に書いている。この時点から、日本国内の民権論者がアジア主義者になる軌跡において、中野と北一輝との思想的な共通性が出てくる。

　もっとも、アジア主義といっても、北のばあいは中国が、大川周明のばあいはインドが大きな意味をもっていた。大川はインドの亡国の状態を知って、アジアを復興させなければならないと考えた。一方、北一輝は中国の革命を体験したことから、アジアの復興を掲げる。中野正剛はアジアのさまざまな港を通り、大英帝国がアジアをいかに侵略しているかを知って、アジア主義者になった。

　明治19(1886)年生まれの中野は、北一輝より3歳年下である。ナショナリストでありアジア主義者であるという点で両者は通じるものがあるが、政治に関わって社会変革を働きかけるという思考回路も、共通していた。ただ、中野はそれを政党政治を通してやろうとし、北は国家改造の思想を提示するところが違っていた。

　中野はロンドンから帰国した後、選挙に出て政治家になった。辛亥革命の際に新聞記者として中国に行ったときに犬養毅と行動を共にし、政治家になったときも犬養毅の国民党から立候補したいと考えていたが、犬養は中野の対抗馬を立てて中野を受け入れなかった。このために、中野は犬養毅を強く恨むようになったらしい。

孫文の「大アジア主義」

　ところで、中野正剛のアジア主義は、大正13(1924)年に孫文が神戸に立ち寄った際に行なった「大アジア主義」の講演への評価のしかたに、よく表われている。
　当時、広東で第一次国共合作を成立させた孫文は、その国共合作に従って国内統一を図るべく北京へ行く途中であった。その頃の中国の交通事情は陸路の鉄道が不便で、いまだ南船北馬の状態だったこともあって、上海から北京へ出るには日本の神戸経由の航行が最も便利なルートだった。そこで、孫文はこの機会に、日本の同志を通じて、日本政府に「対支21箇条の要求」の取り下げを働きかけようとしていた。しかし、辛亥革命では孫文の同志だった犬養毅は、山本権兵衛内閣の下、現役の逓信大臣であることを理由に、会いに来なかった。また頭山満は神戸まで来たが、青島を中心とする山東半島は日本がドイツに勝って得た権益だから、中国が「他国の侵害を受ける懸念」があるあいだは、そう簡単に譲り渡すわけにはいかない、と答えた。日本だって、幕末に欧米列強と結んだ不平等条約を解消するには3、40年かかっているというのが、頭山の論拠だった。こうしたかつての革命の同志の対応に、孫文はたいへん失望をおぼえた。

このとき、孫文は神戸の女子高等学校で「大アジア主義」という講演を行なった。第一次世界大戦への参戦の結果、日本は戦勝国となり、五大国の一つに数えられるようになった。そうして、日本は「対支21箇条の要求」によって帝国主義化を露骨にした。孫文はそういう日本をこの講演で批判した。

　そこには、かつての同志であった犬養、頭山への失望と批判もこめられていた。講演の結論部分を要約すれば、日本はこの後、欧米帝国主義列強の「番犬」になり、みずから「覇道」つまり帝国主義化の道を進むのか、それとも東洋復興の「干城」となって、「王道」の道を選ぶのか、と問いかけたのである。

　この講演に対する新聞評などの多くが、孫文は日本に対して、同じくアジア復興の道を歩もうと呼び掛けたのだ、と評価した。しかし、このとき中野正剛だけは、異なる解釈をした。頭山満や犬養毅がいうような、軍部と手を結んで日本の帝国主義政策を押し進めるような戦略は、日本のアジア主義が「別個の帝国主義」になっていることだ、と明確に批判したものである、と。すなわち、孫文のいう「大アジア主義」とは、英米の帝国主義に対抗するために、アジアの植民地化されている民族と手を握り、また白人の中で帝国主義の被害者の国、つまり革命の起きたロシアやドイツのような被抑圧者とも手を組み、そうして世界的な「解放戦争」を演出しようというものである、という鋭い解釈をみせた。

孫文の大アジア主義

ロシア革命後、日本はボリシェビキ革命政権と国交断絶の状態になった。欧米諸国は共産主義のロシア革命を恐怖するとともに、ロシア帝国が欧米諸国と結んだ条約を反古にしようとしたので、その革命政権への干渉としてシベリア出兵を行なった。日本はこれに参加している。中野正剛はボリシェビキ政権と、国交を持つべきであるという立場だった。中野は右翼と評されるが、そうした意味では、まさに保守的な伝統右翼とは一線を画す、いわばロシア革命以後の新右翼だったのである。かれは国内での労働者の権利保護とボリシェビキ政権承認を求める演説を、国会でもしている。
　永井柳太郎が「西にレーニンあり、東にわが原敬あり」と国会で演説したのも、日本国内に労働争議やストライキが急増しており、ロシアでは共産主義革命が起きているという世界情勢を頭に入れ、その上で日本にも社会主義政策、とまでは言わないが、社会政策が必要である、という独占的な資本主義批判の表明であった。この点は、中野正剛、北一輝に通じるものがあった。

中野　北　永井
ボルシェビキ政権の存在を認める。社会主義の必要を訴える。

中野正剛は、中国のナショナリズム革命に関心を寄せ、共鳴し、しかも力を強めつつあった共産党と協力して国共合作による国内統一を図る孫文の考え方に最も好意的な見方をした。北一輝の場合は、国際主義の孫文よりも国家主義的な志向のつよい宋教仁とのつながりが深く、ロマン主義的な感性においても似通っていた。国共合作という、ある意味では政治的妥協を試みる孫文とは合わなかった。ロマン主義者の考える革命は、政治は美である、という思想的傾向が強いのである。

　いずれにしても、大正から昭和にかけてのアジア情勢の中で現われてくる政治状況、国際関係、そうして軍事的な地政学に対して関心を持ち続けた代表的なアジア主義者が、中野と北と大川だった。国内の改革を政党政治的な領域によって行なおうとするのが中野正剛で、裏面ではあるが革命運動によって、あるいは革命思想を青年に植え付けることで実現しようとしたのが、北一輝だった。大川周明のばあいは、軍部の有力者あるいは幕僚将校への働きかけである。

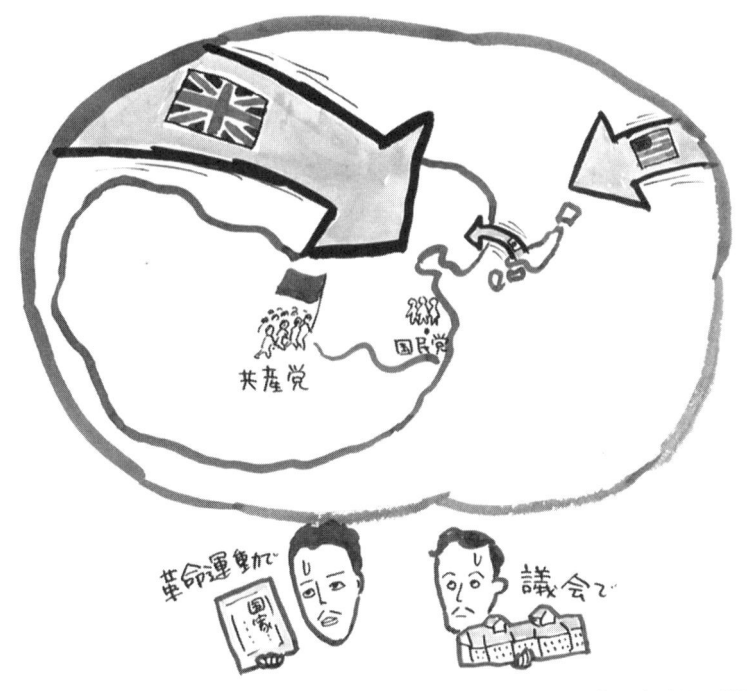

孫文の「大アジア主義」　111

Ⅳ
二・二六事件と北

昭和史のただなかで

　1928(昭和3)年、満州某重大事件(張作霖爆殺事件)が起こった。この謀略を計画・実行したのが河本大作大佐であったことは、陸軍内部はもとより、昭和天皇も知っていた。時の総理であった田中義一(陸軍大将)は当初、その真相を明らかにして、犯人を必ず処罰すると天皇に奏上したが、田中義一が所属する政友会や陸軍内部に、反対する意見があった。日本の関東軍の現役の大佐が、満州の東北政権を牛耳る軍閥の張作霖を爆殺したとなれば、満州における日本軍への批判が高まるとし、真相を明らかにしないほうが国益になるという意見が、軍人からだけでなく、田中義一内閣の内部からも出てきたのである。内閣におけるその意見の中心になったのが、鉄道大臣の小川平吉(政友会)だった。このため、田中義一は真相究明を放棄した。これに激怒した昭和天皇は、厳正に処罰するといっておきながら、あやふやにするとは何事か、その

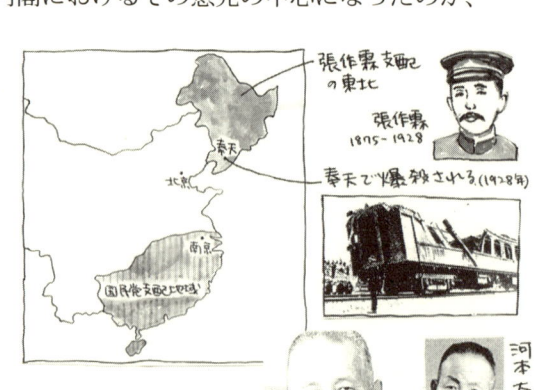

ようなことで首相の役割が務まるのか、辞めろ、と田中を叱責した。結果的に、田中義一内閣は総辞職、それから3カ月足らずのうちに田中は死去したことから、「悶死した」ともいわれる。

　後に昭和天皇はこのときのことを、若かったのできつい言い方をした、と振り返っている。また、元老の西園寺公望から天皇は政治に直接関わる「ベトー(拒絶)」をいってはいけない、と忠告された。天皇が田中義一を非難した論理は、筋が通っている。しかし、日本は立憲君主制であるから、内閣が決めたことに対し「ベトー」(君主の大権による拒絶)はいわないのだ、と西園寺は昭和天皇をいさめたのである。以後、昭和天皇は「ベトー」はいわないことにした、と『独白録』で述べている。二・二六事件と、敗戦のときが、その例外だった。

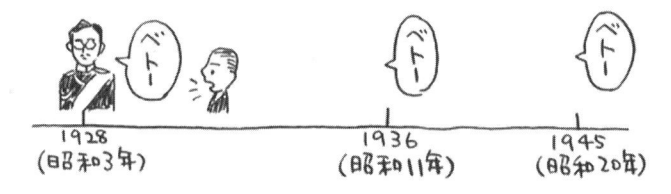

　ところで、張作霖爆殺事件に関して田中義一首相を議会で最も厳しく問い詰めたのが、中野正剛だった。誰が犯人であるのか、日本国民も、中国人もほとんどみんな知っているにもかかわらず、内閣はなぜ責任をとらないのか。何カ月も調査中であるとして責任逃れをしている。田中内閣が責任を取らないのはおかしい、と詰め寄った。これは、正義感に発する行為というより、政友会内閣を倒すという政党政治家の行動といってよい。そのとき、裏面で民政党の有

力者で、中野正剛の後見人役ともいうべき安達謙蔵(濱口雄幸、若槻礼次郎内閣で内務大臣)に、それ以上は追及すべきでないとして圧力をかけたのが、北一輝だった。北は、安達に対して、あなたはかつて我が国策のために李氏朝鮮の閔妃暗殺に関わった一員だったではないか、張作霖暗殺を追及するのはおかしいだろう、といったのだ。この北の発言は、かれの国家主義的思考と謀略的性向を物語っていよう。

そういった違いは、政党政治家の中野と革命家の北のそれぞれがとった方向の違いであり、北一輝にとって中野正剛は最も親しい友人であり続けた。中野の長男(克明、17歳)が早稲田の山岳部のとき、前穂高登山で事故死した、その二七忌の席で北が中野を慰める、といったエピソードも残っている。二・二六事件によって死刑判決を受けた北は、最後の手紙を中野に送っていた。

「一筆書き残し此の世の御暇申上候。逢ひたしと思ふこと幾十回、さて逢ふて何かせん、今も逢ひたし而も亦逢ふて、何かせんや。今後君の枕頭に立ち君の夢に入り物語り可申候。

神仏の御心により刑死せらる小生の為に却って御悦ひ被下度く、益々御雄健御昌栄、大志御達成の程祈上候。

時に女房を直接御問按願上候。
中野正剛殿 」

この手紙には日付がない。おそらく刑死の前夜、昭和12年8月18日夜の執筆だろう。恋人との別れを惜しむような文面である。

北一輝が関係した昭和史の事件はいろいろあるが、それらはほとんど『日本改造法案大綱』

に示されているラディカルな思想が、人の精神に火を放ったものといえるだろう。その最初の事件が朝日平吾の安田善次郎刺殺であったろうか。

後年、三島由紀夫は「北一輝論──『日本改造法案大綱』を中心として」のなかで、次のように書いている。

「私は、北一輝の思想に影響を受けたこともなければ、北一輝によつて何ものかに目覚めたこともない。ただ、私が興味をもつ昭和史の諸現象の背後にはいつも奇矗(きしょう)な峰のやうに北一輝の支那服を着た痩軀(たたず)が佇んでゐた。それは不吉な映像でもあるが、また一種悲劇的な日本の革命家の理想像でもあつた。」

テロリズムによって特権階級を倒して行く青年は、大なり小なり北一輝の『日本改造法案大綱』を読んでいた。北の革命思想の持っている影響力が強かったため、軍人のみならず学生でも『日本改造法案大綱』を読む者がいた。そのあるものは秘密出版の形をとり、伏せ字などを全て起こして読んでいた。さらに、それを筆写するといった形で読まれていた。岸信介も自ら筆写した一人だった。

『日本改造法案大綱』に影響を受けた青年には、朝日平吾のように一人で特権階級を倒すという直接行動をおこしてゆく人と、岸信介のように社会主義的な統制経済の思想を実際の国家運営にどのように生かしていくか、つまり国家デザインを描く上で影響を受けた人と、二つの系譜があった。

現在でも、ガリ版刷りあるいは筆写の『日本改造法案大綱』が古書店にいくつも出てくる。それらの中には、誰が筆写したのか、どのような人あるいは組織が関わってガリ版刷りで製作したのか、が記されているものもある。ガリ版刷りの場合、多くても製作されたのは100部程度だったであろう。そのような形で、北一輝の思想は大正・昭和の歴史の裏面に深く浸透していた。

昭和のテロリズム

　テロリズムの直接行動に出た青年の中には、昭和5(1930)年に首相の濱口雄幸を東京駅頭で狙撃した佐郷屋留雄がいる。濱口は、その9カ月後に死亡した。

　濱口雄幸は首相としてロンドン海軍軍縮条約を結んだが、これが統帥権干犯であると問題にされた。「統帥権干犯」という政治を金縛りにした魔語は北一輝がつくったとも言われたが、北自身はこの言葉を使っていない。使いはじめたのは、加藤寛治や石原莞爾らの軍人である。北の周辺にいた加藤寛治(海軍軍令部長)らの軍人は、ロンドン海軍軍縮条約は軍の権利、いや軍の統帥権を持つ天皇の大権を、政治を輔弼するだけの内閣が侵犯したものである、と攻撃したのである。この軍人たちの内閣＝政治批判を、犬養毅、鳩山一郎ら政友会系の政治家が民政党内閣の政府に対する格好の攻撃材料として、政権打倒に利用した。そうした政府批判の動きの影響を受けて、佐郷屋留雄という民間右翼青年がテロルの行動に出たのだった。佐郷屋は、北の周辺にいたシナ大陸浪人の岩田愛之助が昭和3年に創立した愛国社に所属していた。

　佐郷屋は獄中から北一輝に手紙を送り、これに北も「よくやった」という激励と慰問をしている。このため、佐郷屋は北一輝の影響によって濱口雄幸狙撃を行なったという評価がなされている。

北一輝の思想は、このように当初は個人の精神に影響を及ぼしていた。国家改造をめざす青年将校たちも、西田税をはじめとして、まず個人としてその思想に影響を受けていたに過ぎなかった。しかし、やがて彼らは、単に一人で特権階級を倒したり、国家デザインの青写真を考えるに留まらず、その民主的な革命のために軍隊を動かしてクーデターを行ない、戒厳令を施行し、憲法を変え、華族制度を廃止し、民間資本の資本限度や個人所有財産の限度を定め、労働時間を制限するといった形での国家改造を行なう、という方向を目ざすに至った。民主的な革命のための軍事クーデターである。

　もっとも、二・二六事件の青年将校たちは、立花隆の『天皇と東大』によれば、みんな背嚢に一人一冊ずつ『日本改造法案大綱』を持っていたことになるが、そのような事実はない。青年将校にも、三つのタイプがあった。北一輝の革命思想をそのまま実現する、それが国家改造であるとして「一点一画の変更もなく行なう」と考えたのは磯部浅一くらいで、北の思想的影響を受けたのは中核のメンバー数人にすぎない。

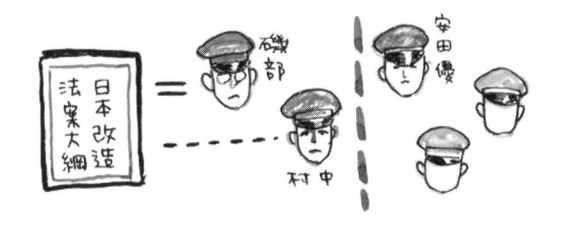

　磯部浅一とともに、事件に主導的な役割を果たした6、7人ほどの中核メンバーのうちでも、村中孝次の考えは違っていた。村中自身は、蹶起直前の2月21日に北一輝を訪ね、自分たちが兵を動かすことは軍を勝手に使ったことにならないか、つまり統帥権干犯にならないか、と相談している。さらに24日、蹶起することを伝えに行っている。その際、北の家の仏間を借り、そこに飾られていた明治天皇の像を前に、蹶起趣意書を書いている。村中は北一輝に心服してはいるものの、『日本改造法案大綱』の革命思想を実現するという考えはとらなかった。軍事的テロルを行なって、あとは「大御心にまつ」という発想である。

昭和のテロリズム　117

そのほかに、北一輝の名前さえも知らない、『日本改造法案大綱』も読んだことのない将校たちもいた。安藤輝三や安田優などは、主導的立場ではあったが、北の思想に促されてではなく、「飢えた農民」を救うべく磯部や村中に呼応して蹶起したのである。
　軍隊を動かしてクーデターを起こす、そのクーデターによって国家を改造するといった行為は、そこに思想的な原理が用意されていなければ、単なる軍事的テロルに終わり、革命行動にはならない。北一輝の思想は、日本軍が「天皇の軍隊」であるという規定に対して、それを本来の「国民の軍隊」でなければならない、と主張するもので、軍隊の本質、いや国家の本質を「国民の国家」に変えようとするものだった。そうした革命思想が提出されていなければ、クーデターは軍事的なテロルにとどまったのである。
　磯部浅一をはじめとする青年将校は、統制派の幕僚将校とかれらを放置している支配層を、基本的に自分と対立する派閥、つまり皇道派対統制派の対立において捉えた。その統制派を抹殺する行動ということでは、テロリズムに近い。それは、軍隊としてクーデター行動を起こすことと同じではない。

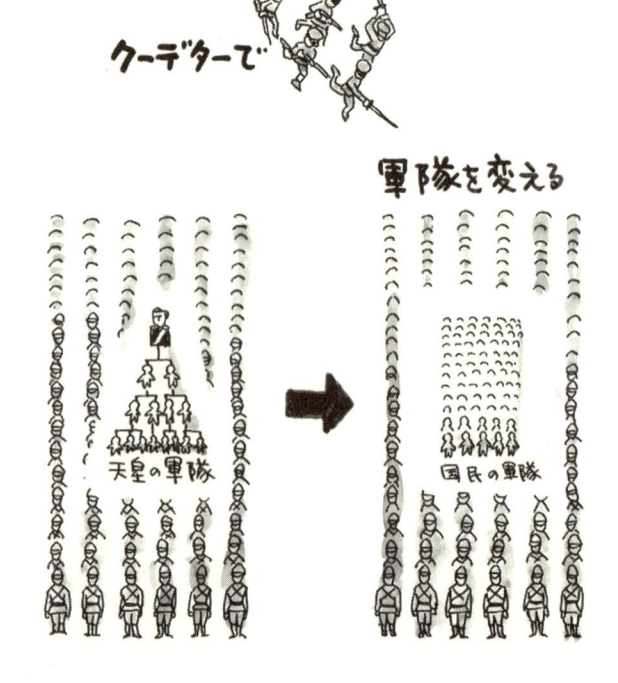

皇道派と統制派

　昭和 10(1935) 年 8 月 12 日、陸軍始まって以来の優秀な頭脳と言われていた陸軍省軍務局長の永田鉄山は、その局長室で、皇道派の相沢三郎中佐によって刀で斬り殺された。これは一種のテロリズムである。

　永田鉄山は、来たるべき戦争を総力戦と捉え、国家総動員法をはじめとする戦時体制の樹立を計画した。この計画のためには、財閥・官僚と結ぶこと、そうして軍部内の統制が必要だ、と考えた。東条英機はこの永田の副官だった。要するに、相沢三郎による永田鉄山の刺殺は、統制派と皇道派の対立が背景にあった。皇道派は、国民生活に不平等・貧困・不公正を生んでいるのは、財閥・学閥・軍閥の跋扈であるとして、その一掃を主張した。そして、そのテロリズム実行のあとは、革命原理としての天皇に期待して、「大御心にまつ」という立場だった。天皇の大御心が具体的に政治に現われていない、そうして国民に大御心が届いていない状況を改めるべきであり、そのために「君側の奸」を一掃し天皇親政の状態を取り戻せば、日本から不平等や貧困や不公正がなくなる、という革命思想だった。

　これに対し、統制派はさきにふれたように、近代的総力戦に耐えられる軍隊でなければならないという軍隊主導の立場をとった。従って、国防のためには軍隊はどのような規模で、どこに派遣すべきか、その予算規模はどうか、国民総動員のために何が必要か、と

1935年
8月12日

相沢三郎中佐

永田鉄山
陸軍軍務局長

戦時体制を樹立する。そのために、財閥・官僚と結ぶのである。軍部が国家政治を担う、そして軍隊は総力戦で戦わねばならないとして、政治・経済・国民生活のすべてを統制していくというものだった。

皇道派をおもに構成しているのは、兵隊を直接に率いている少尉や中尉といった、隊付きの将校たちで、彼らは40人規模の小隊、120人規模の中隊を率いて行動する位置にあった。小隊、中隊というのは、戦闘単位である。大隊となると、戦術単位になり、兵との直接の統率関係は薄れるのである。

一方の統制派は、もっと上位の戦略にたずさわる幹部が主で、どこに軍隊を派遣すればよいか、どこに補給をすればよいか、装備をどのようにすればよいか、軍隊全体をどういう規模で組織するか、を考える立場にある幕僚将校たちが構成していた。

そうした意味では、陸軍中佐の相沢三郎は、どちらかというと、すでに幕僚将校であった。にもかかわらず台湾派遣を命じられていた相沢は、永田鉄山（少将）を斬殺し、そのまま台湾に赴任するつもりでいたという、普通では考えられないような行動をとっている。

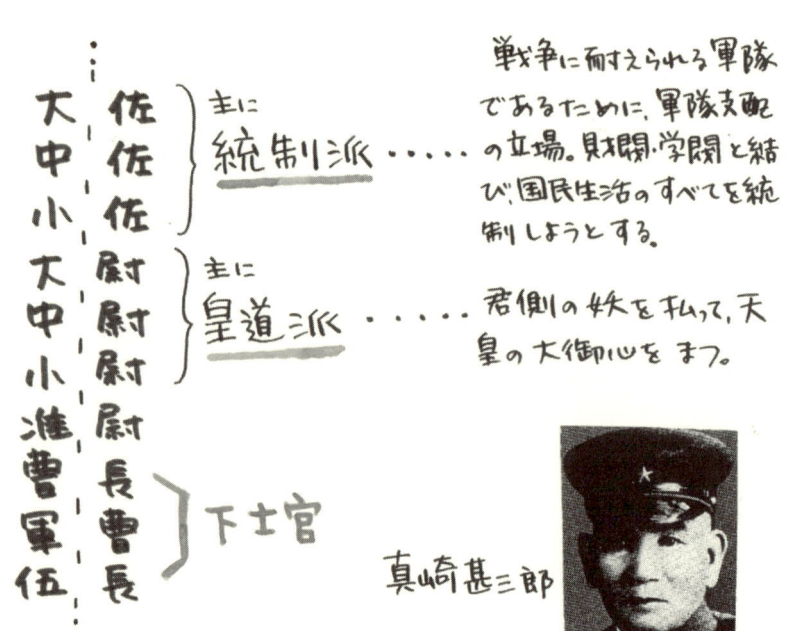

佐佐佐｝主に 統制派 ⋯⋯ 戦争に耐えうられる軍隊であるために、軍隊支配の立場。財閥・学閥と結び、国民生活のすべてを統制しようとする。
大中小
尉尉尉｝主に 皇道派 ⋯⋯ 君側の妖を払って、天皇の大御心をまつ。
大中小
准曹軍伍
長曹長｝下士官

真崎甚三郎

相沢はもともと皇道派であったが、皇道派の巨頭・真崎甚三郎教育総監(大将)が更迭されたことに憤激して、統制派の実力者である永田軍務局長の刺殺という挙に出たのである。

この事件は、それまではやや口先だけで血気走った、栗原安秀中尉のような青年将校たちに、本当に行動に出るのだという決意を抱かせた。ある意味では、二・二六事件は、相沢三郎のテロルから始まっているといってもいいのである。

これ以前に、磯部浅一、村中孝次はクーデターを計画しているとされた士官学校事件で睨まれ、免官という形で陸軍を追われている。しかし、もう少し若い、隊付き将校で実際に兵士たちを動かせる栗原安秀ら、現役の将校たちの精神に火をつけたのは、相沢三郎の事件だった。昭和維新をやるとぶち上げ、同志からは軽佻浮薄と思われていた栗原安秀が、19歳年上の相沢三郎の事件に衝撃を受けて、今度こそ行動に移す、気分だけでいっているのではない、と軍隊を率いての直接行動に大きく足を踏み出すことになった。

中橋基明　栗原安秀　丹生誠忠　対馬勝雄

皇道派と統制派

相沢三郎中佐の永田鉄山刺殺

　二・二六事件後の、憲兵隊調書で、西田税は栗原安秀について「大言壮語」という印象を持ったといい、北一輝は「急進無謀の事を考へる男」だった、と評している。憲兵隊は軍人を監視する、いわば江戸時代の目付のような役割を担っており、北一輝は憲兵隊に批判的であったので、栗原についての批評も一面的であり、この調書の内容を鵜呑みにすることはできない。憲兵隊のほうでは、軍隊を外から勝手に動かそうという北一輝に反発を持ち、罪に落とそうという先入観を持っていた。

　北一輝は、二・二六事件について、憲兵隊による取り調べのほか、民間人であることから警察の取り調べも受けている。警察は軍隊の中の動きを知らない。北一輝に軍内部の動向を教えてほしかった警察は、北を先生として丁重に扱った。北は憲兵隊調書ではしらばっくれたり、はぐらかしたりしているが、警察の調書では、士官学校事件など陸軍内部で起こった事件の経緯などを詳しく教えていることがわかる。憲兵隊は青年将校たちを処罰するために北一輝の取り調べをしているのに対し、警察は事件の全容を知るために北を調べている。その違いは歴然としていた。

警察に取り調べられた時の写真

警察

憲兵

陸軍士官学校事件
1934(昭和9)年11月
陸軍士官学校でクーデター計画が発覚したとして、青年将校の村中孝次、磯部浅一ら3人と、士官学校生徒5人が逮捕された。村中・磯部は停職と、士官学校生徒5人は退学処分。

相沢三郎の永田鉄山刺殺事件の後、栗原安秀が実際行動に踏み切る過程は、磯部浅一の『行動記』に克明に記されている。昭和10(1935)年秋、磯部を訪ねてきた栗原は、泣いてこう述べた、という。
　「あんたにはわかつてもらへると思ふから云ふのですが、私は他の同志から栗原があわてるとか、統制を乱すとか云つて、如何にも栗原だけがわるい様に云われている事を知っている。然し私はなぜ他の同志がもっともっと急進的になり、私の様に居ても立つても居れない程の気分に迄進んで呉れないのかと云ふことが残念です。栗原があわてるなどと云つて私のかげ口を云ふ前に、なぜ自分の日和見的な怯懦な性根を反省して呉れないのでせうか。今度相沢さんの事だつて青年将校がやる可きです。（中略）自分の力で必ずやります。然し希望して止まぬ事は、来年吾々が渡満する前迄には、在京の同志が、私と同様に急進的になつて呉れたら、維新は明日でも、今直ちにでも出来ます。」
　磯部は、こう宣言した栗原に「僕は僕の天命に向って最善をつくす。唯誓っておく。磯部は弱い男ですが、君がやる時には何人が反対しても私だけは君と共にやる。」と答えた。このときの心情を磯部は『行動記』にこう綴っている。
　「栗原に云はれる迄もなく、自分で力をつくり自分一人でやると云ふ準備をせねばならないことだけは充分にわかっていたつもりだが、相沢中佐の様にえらい事は余にはとても出来なかつた。それで相沢事件以来は弱い自分の性根に反省を加へ、之を叱咤激励することにつとめた。」

栗原が指摘していたように、第1師団は翌年の4月ないし5月に満州に派遣されることが決まっていた。これが実際に発表されたのは、昭和10(1935)年12月である。従って、3月までに蹶起しなければならない、と制限時間が設定されているという心理状況にあった。つまり相沢事件というスタート地点があり、栗原や磯部ら行動派はみずから蹶起行動に出ると宣言し、その時点でタイムアップの時間が区切られて、2月26日のタイミングはほぼ確定されつつあった、ということになる。これは、北一輝の思想とは関係がない。精神に火をつけられた栗原安秀は、北に相談に行くといったことはしていない。栗原が北と直接会ったのは、一度か二度だっただろう。
　ともあれ、栗原の訪問を受けて決意を固めた磯部は、その胸中を村中孝次、香田清貞に明かした。こうして二・二六事件の中心人物たちは蹶起への思いを一つにしていったのである。

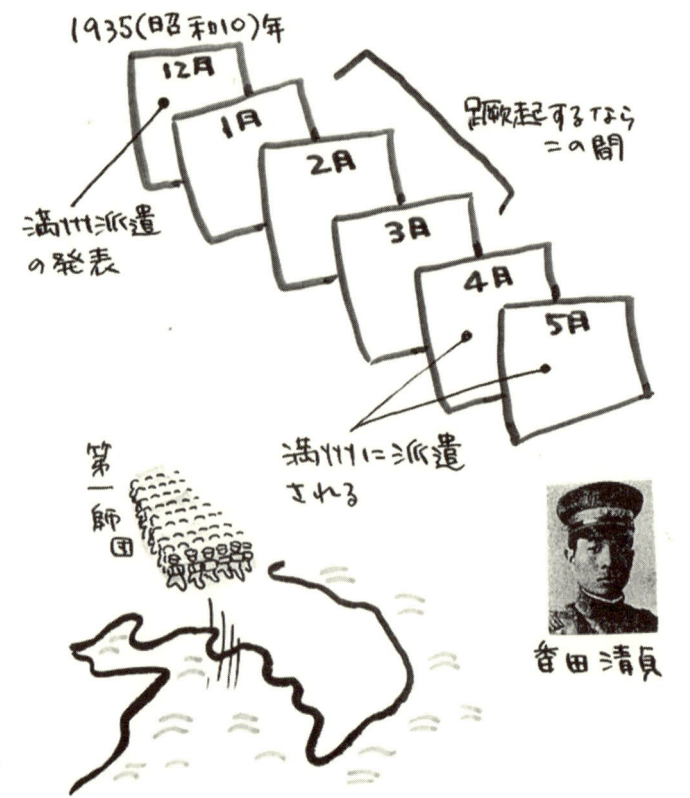

二・二六事件まで

　昭和7年の五・一五事件に際して、西田税は陸軍の後輩たちを制止しており、海軍の青年将校のみで事件が起こされた。このため西田は、海軍に近かった茨城県の青年、井上日召の指導する血盟団にも加わっていた川崎長光に狙撃された。当時の西田は、北一輝の秘書のような立場にあり、生活費も北が面倒をみていた。青年将校たちと北一輝の間には西田税がいて、北が直接青年将校たちと会うことはほとんどなく、西田を通して、北の考えが青年将校たちに伝えられていた。西田が死んでしまえば、北一輝は手足をもがれたも同然で、また青年将校とのつながりもなくなってしまう。そこで、西田が狙撃されたとき、北はおろおろして側につききりだったのである。西田を見舞った青年将校たちは、その枕元で北一輝と直接顔を合わせたのだった。

　日常的に青年将校たちと会うことがなかった北一輝のもとを一番よく訪ねたのが、磯部浅一と村中孝次だった。当時、北一輝は周囲から「高天原」というアダナで呼ばれていた。青年将校たちからそのように呼ばれている自分は、具体的には青年将校たちとの接触はない、と憲兵隊調書でいっている。

五・一五事件　1932(昭和7)年　海軍の青年将校たちが首相官邸に乱入し、犬養首相を暗殺した。これにより戦前の政党政治は終わりをつげた。

西田税（にしだみつぎ）
1901～1937　鳥取県米子市生れ。元陸軍歩兵少尉。病気のため予備役に退き、のち失官。

二・二六事件をあのように大規模な蹶起たらしめるのに大きな役割を果たした安藤輝三大尉の場合、実際に兵を率いて行動を共にすることを決めたのは、蹶起の直前、22日のことだった。部下思いで慎重な安藤は、決断した限りにおいては絶対に後戻りしない。その安藤が加わるのであれば、これは絶対に成功する、と皆に確信させることになった。
　12月に入ったばかりの段階で3月までに蹶起することを決めていたのは、磯部、栗原、村中、香田の4人である。また、このとき蹶起に加わることを決めていた大蔵栄一は、朝鮮羅南の中隊長として東京を離れていたため、実際には参加できなかった。事件後、大蔵は同志として禁錮刑に処されている。

安藤輝三
1905(明治38)年生
父の転任に伴い
各地に過す。陸士
38期生として石原部
と同期

二・二六事件でも、蹶起にむけての工作の最終段階になったとき、高天原と天上に祭りあげられていた北一輝は、具体的な内容は知らなかった。磯部浅一はこの12月24日に真崎甚三郎を訪ねている。軍の上層部の情勢を聞き、また行動を起こしたとき自分たちを最後まで応援してくれるかどうか、確かめに行ったのである。真崎はこの日の日記に、磯部が小川という同志と共に訪れたことを記している。磯部と真崎はそれまで面識はなく、このとき初めて会った。その後、蹶起の決定を知らせるために、磯部はもう一度、真崎を訪ねている。

　真崎は臆病で、大言壮語はするが、自分では責任をとらないタイプだった。真崎はこのとき、蹶起するのならば、自分には知らせないでくれ、しかし、実行されたならば、お前たちの心はよく理解しているという返事をしている。彼は内心では、青年将校たちによるクーデターが成功すれば、首相役、つまり軍人内閣の首班の役が転がり込んでくるかもしれないと計算もしていた。真崎は、蹶起するのに金が必要かと磯部に尋ねている。磯部が、1000円もあればといい、半額の500円でもいいというと、真崎はそれを揃えてやる、秘書に用意させるといった応答をしている。それにもかかわらず、かれは責任をとるような人物ではなかった。

真崎甚三郎
1876-1956
二・二六事件当時 59才
陸軍大臣

蹶起したら、
その気持はよく
理解している

金

二・二六事件まで

そのような真崎のところへ、磯部はなぜ行ったのか。真崎は前の教育総監で、皇道派に甘いことを理由に更迭されていた。このために、磯部は自分たちの行動を支持してくれることを期待したのである。

　真崎の後任として教育総監に就任したばかりの渡辺錠太郎は、二・二六事件で暗殺された。父が殺される現場を見ていた渡辺錠太郎の娘は、修道院に入って現在までクリスチャンとしての人生を送っている。

　磯部は真崎のほかにも、川島義之陸相を訪ねている。磯部はそのときの模様を『行動記』に書き残している。

　「夜十二時過、帰宅せんとするとき大臣は、わざわざ銘酒の箱詰になつたのを玄関に持ち出し、一升ビン一本を取り出し、この酒は名前がいい、雄叫と云うのだ。一本あげよう。三、四本あるといいが、二本しかないから一本あげよう。自重してやりたまえ、等云つてすこぶる上気嫌であつた所などを考へても、何だか吾々青年将校に好意を有していることを推察するに難くなかつた。」

　このような反応を、いろいろな所へ行って確かめつつ、磯部らは蹶起に向けた瀬踏みをしていた。この間、磯部は北一輝の所へはほとんど行っていない。

　磯部は1月28日の時点で、真崎甚三郎が青年将校の蹶起を支援してくれると確信し、麻布の龍土軒で中心メンバーである香田清貞、山口一太郎、栗原安秀、安藤輝三、村中孝次と会い、そのような見通しを語っている。

安藤輝三の決断

　2月10日、第1師団に所属する歩兵第3連隊の将校集会所で、栗原、磯部、村中、安藤、河野寿、中橋基明の6人によって、蹶起のための本格的な会合がもたれた。このとき、免官されていた磯部と村中は民間人で、栗原らに面会するために訪れた記録がある。磯部の『行動記』には、こう記されている。

　「河野の意見にもとづいて二月十日の夜、歩三の週番司令室に於て、安藤、栗原、中橋、河野と余の五人が会合した。会談内容は、いよいよ実行の準備にとりかからふ、準備の為めには実行部隊の長となるものの充分なる打合せが必要だから、今後時機を定めて会合する事にしよう。(中略)余は安藤の決心を充分に聞きたかつたので、一応正してみると『いよいよ準備をするかなあ』と云つた返答だ。深重な安藤が云うことであるから、安藤も決心していると考へた。」

　この時点で、安藤(大尉)はまだ、自分自身は参加するが、兵を参加させる決断はついていなかったということになる。歩3第10中隊の隊長だった新井勲(中尉)は、戦後に書いた『日本を震撼させた四日間』で、安藤輝三の苦悩を次のように描いている。

　「来る日も来る日も、瞑想に耽つている深刻な安藤の姿が眼に映つた。一時間でも二時間でも、かれはじつと腰掛けたままだつた。掌を組んで額に宛て、俯いたまま何時間でも動かなかつた。それは凄惨とも云えるほど、悩める安藤の姿であつた。(中略)

歩三には野中(四郎・大尉)や坂井(直・中尉)の如き急進派がいた。しかしあの大量出動を敢行したのは安藤である。事件当日、諸官退庁後の連隊長にも等しい週番司令を勤めていたのは安藤である。かれは巧みに連隊副官を偽り、決行の日と週番勤務とをマツチさせた。」

　２月10日の会合で同志たちの意見がほぼ固まったことから、磯部浅一は西田税に、蹶起の概要を知らせた。しかし、日時まではっきり伝えたわけではなかった。西田は18日に栗原安秀と会い、今度は必ず決行するであろうとの確信を得ていた。安藤輝三とも会った西田は、２月21日の朝に、北一輝にその確信を伝えた。北はこの時、蹶起が実行されることを初めて知ったことになる。

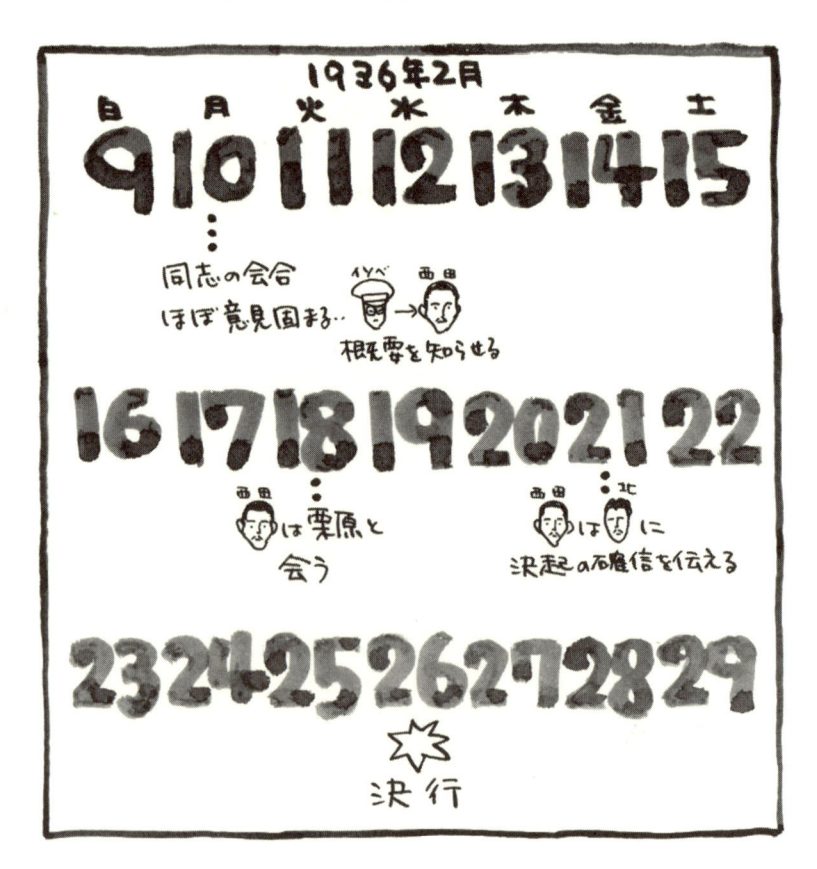

```
        1936年2月
 日  月  火  水  木  金  土
 9  10  11  12  13  14  15
```
同志の会合　　　イソベ　西田
ほぼ意見固まる　🧑→🧑
　　　　　　　　概要を知らせる

```
16 17 18 19 20 21 22
```
　　　西田は栗原と　　西田は北に
　　　会う　　　　　　決起の確信を伝える

```
23 24 25 26 27 28 29
            ☆
           決行
```

北一輝の『霊告日記』

　事件さなかの2月28日に憲兵隊に拘引された北は、第1回目の3月2日憲兵隊調書では、「私は今申し上げた通りの外部との交渉は持ちませんので、今回の事件に関しては全く関知せず、又予感もありませんでした」と、しらを切っている。

　これに対して、3月17日の警視庁の第1回聴取書では、「二月二十日頃と思ひますが、西田が参りまして『愈々青年将校は蹶起する』と申して(中略)、『是はもう大勢である。今迄の様に吾々の一人二人の力で押へることも何うする事も出来るものではない』と云う意味の事を私に申し聞かせました。」と証言している。憲兵隊での対応と、警視庁での証言に、違いのあることがわかる。

　実際には、北一輝は2月21日、西田からほぼ確実に蹶起が行なわれることを知らされていた。このことは、北の『霊告日記』の21日の内容からもうかがわれる。

「二月二一日　朝　経
山岡鉄太郎、物申す
稜威尊し
兵馬大権干犯如何
答
大義名分自づと明かなるハ疑無し、他末節に過ぎず」

　ここから、この2月21日に村中孝次が北を訪ねて、蹶起が統帥権干犯にならないか、と尋ねたことも推測できるだろう。

『霊告日記』は昭和4(1929)年に書き始められた。朝、神仏からこんなお告げがあった、それはこのようなことを示す、という内容である。北一輝は辛亥革命に加わり、また何度も警察に引っ張られた経験から、日記に人名をほとんど書いていない。人名を書けば、その人物といつ会ったといったことが知れてしまう。そのために、神仏からのお告げがあった、あるいはすでにこの世にはいない山岡鉄太郎からこういうお告げがあった、というカモフラージュの形で記しているのである。

　この21日の『霊告日記』を解読すれば、この日、村中孝次が来て兵隊を率いて軍隊行動を起こすことは、天皇大権であるところの統帥権を私的に使ったことになるのではないか、天皇の命令ではなく自分たちが勝手に兵士を動かしたことになるのではないか、と尋ねたということがわかる。これに対し北は、統帥権という言葉を使わず、「兵馬大権」という言葉を使う。兵馬を動かす、軍隊を動かす権利という意味である。これは、伊藤博文が明治憲法をつくった際、この憲法をどのようにつくったか、またその意味するところは何か、を解説した『大日本帝国憲法義解』を記しているが、ここでも統帥権という言葉は使われていない。憲法の条文では、統帥権という用語が使われているが、伊藤はこの著書でやはり「兵馬大権」という言葉を使っている。天皇が兵馬を率いて蹶起したのは、例えば後醍醐天皇の元弘の変など、歴史上にわずかな例しかない。兵馬を動かしていたのはほとんど武家であり、古代を除けば、天皇に兵馬を動かす実権はなかった。それが明治憲法によって統帥権という名称のもとに、天皇の手に戻ったことになる。

青年将校が蹶起することによって兵を動かす、場合によっては銃器さえを使うことになる。これは天皇だけが持っている兵馬大権、つまり統帥権を干犯したことになるのではないかという疑いが、真面目で理論肌の村中孝次に生じていたのである。『霊告日記』には、誰が問うたか記されていないが、調べてみると、この日、村中孝次が訪ねてきて相談したことがわかる。

　すでに述べたように、村中は24日、北一輝宅の仏間を借りて蹶起趣意書を清書している。蹶起趣意書を書くときには、すでに蹶起は決まっているのであるから、その時点でこのような質問をすることは考えられない。従って、21日の段階で「最後の心配だが」と、北の意見を求めたと考えられる。

この問いに対し、『霊告日記』では山岡鉄太郎から、言い換えれば神仏から答えが告げられたという形をとっているが、実際には北一輝の返答である。北は、必ず天皇から正義と認められる、大義はあなたたち青年将校の側にあることが明らかになる、というのだ。
　二・二六事件の翌 27 日の『霊告日記』には、次のような記述がある。
　「革命軍正義軍ノ文字並ヒ現ハレ、革命軍ノ上ニ二本棒ヲ引キ消シ
　~~革命軍~~
　正義軍　　ト示サル
　人無シ勇将真崎在リ
　国家正義軍ノ為メ号令シ
　正義軍速ニ一任セヨ」
　ここで北一輝は、国家の正義は青年将校たちのもとにある、と述べているわけだ。21 日の村中の統帥権干犯に関する問いに対し、君たちは国民のために蹶起する、それゆえ国家正義の軍である、だから統帥権の問題は自ずと解決される、と答えたのである。実際には、天皇が最終的に軍隊を天皇じしんのほうに取り戻すのだが、北は「天皇の軍隊」を「国民の軍隊」とすることによって、その本質を変えてしまおうとしていた。まさしく革命である。

北の関与

　二・二六事件直後、戒厳令が敷かれ、蹶起した青年将校が率いる部隊が戒厳軍に組み入れられた27日の時点では、まさに国家正義軍である。蹶起に大義名分を与えられたことになる。それゆえ、革命軍ではない、もちろん天皇がいうような反乱軍ではない。国民を救うために起こった正義軍であるから、国家が戒厳令を敷いて、その任務を青年将校に任せる、といわれたに等しい。

二・二六事件直後
戒厳軍である
蹶起軍
とされた

　3月17日付の警視庁聴取書によれば、北一輝はこう述べている。
「二月二十二、三日頃と思ひますが村中がやつて来ました。『吾々は愈々決行します』と
只一言申しました。
　私は西田から聞いて居ましたので何も村中に質問も致しませず、村中も西田を押し除けて私に色々云ふ様な事がありませんので、外の話をしてすぐ帰りました。」
　ここで話された内容を北は明かしていないが、それが、兵馬大権の問題であったと思われる。

2月22日には、安藤輝三も最終的に兵を率いて蹶起することを決意し、野中四郎が蹶起趣意書の草案を書いた(野中は、事件終結後に自決した)。この野中の草案を、村中が24日に北一輝邸で清書したのだが、その際、北が文章を少し手直しをしたといわれている。村中の『丹心録』には、次のように記されている。
　「本趣意書は二月二十四日、北一輝宅の仏間、明治大帝御尊像の御前に於て神仏照覧の下に、余の起草せるもの、或は不文にして意を尽さずと雖も、一貫せる大精神に於ては天地神冥を欺かざる同志一同の至誠衷情の流露なるを信ず。真に皇国の為に憂ひて諫死奉公を期したる一千士の純忠至情の赤誠を否認せんとする各種の言動多きは、日本人の権威の為に悲しまざるを得ず。」
　この2月24日の時点で、北一輝は仏間を提供するに際して、村中および青年将校たちを激励するために次の『霊告日記』を示した、と思われる。
　「大内山光射ス
　　暗雲無シ　　善道」
　大内山とは皇居のことである。そこに光が射している、天皇の御心がここにみごとにあらわれる。それまでは「君側の奸」のために大内山に暗雲がただよい、天皇の大御心がどこにあるかわからない状態だった。この暗雲を吹き払うのが、皇道派青年将校たちの蹶起の目的であり、いまや「暗雲無シ」、という表現で、かれらを激励したわけだ。

このように激励しているのだから、北一輝が二・二六事件にまったく関係がない、などとはいえない。ただ、蹶起そのものは、すべて青年将校たちが自主的に計画したことであった。
　「高天原」としての北一輝は、もう祈ることしかない。2月25日の『霊告日記』には、北が午後、一人で明治神宮に参拝した事実が記されている。
　北一輝はシステムとしての神聖天皇制を奉じていたわけではないが、明治天皇に対する英雄視、親和感は非常に強い。「万世一系」というのは、明治の天皇制が作った神話であり、北はそのような神話をまったく信じていなかった。万世一系というならば、むしろそれは明治天皇の代から始まった虚構(フィクション)である、という考えを持っていた。歴史的事実としては皇室は万世一系ではない、「国民」との権力闘争の歴史であった、という考えである。
　北一輝に対する青年将校たちの信頼感は厚かったが、それは間に西田税という存在を介在してのことである。北一輝は「高天原」という形で、いってみれば事件の蚊帳の外におかれていた。

北は思想的指導者だったか

　なぜ北一輝が二・二六事件の思想的指導者とみなされるようになったのか。軍部がそのように規定したからである。軍事裁判を起こすに当たり、北一輝を二・二六事件のどこに位置づけるかは、すでに決まっていた。その結果として、北一輝は思想的指導者として銃殺刑に処せられた。本来は、軍事裁判によって民間人である北一輝、あるいは西田税を処罰することはできない。それを断行したことじたい、すでに無理があった。

　二・二六事件のような軍事クーデターを軍人が自ら引き起こしたとすると、皇軍はその内部に反乱分子を育成しているといわれかねない。そういった事態は「皇軍」としては避けたい。そこで軍部としては、蹶起した青年将校たちはあくまでも「純真」な青年たちであり、国を憂え、天皇の命令に忠実に従う軍人たちであるにもかかわらず、その純真さゆえに外からの悪い思想によって惑わされ、蹶起してしまったという構図をつくる必要があった。軍部自体が腐っているから、これを改造するといったのは青年将校たちだが、その思想を認めると、軍内部に腐敗があったことを認めることになる。

　純真な心を持っていた青年将校たちは、国を憂え、大御心に従う精神があった、というためには、彼らの「純真さ」を利用して外から悪い思想で導いた者がいるとして、そこで青年将校たちに大きな影響力をもった北一輝に罪をかぶせる必要があったのだ。

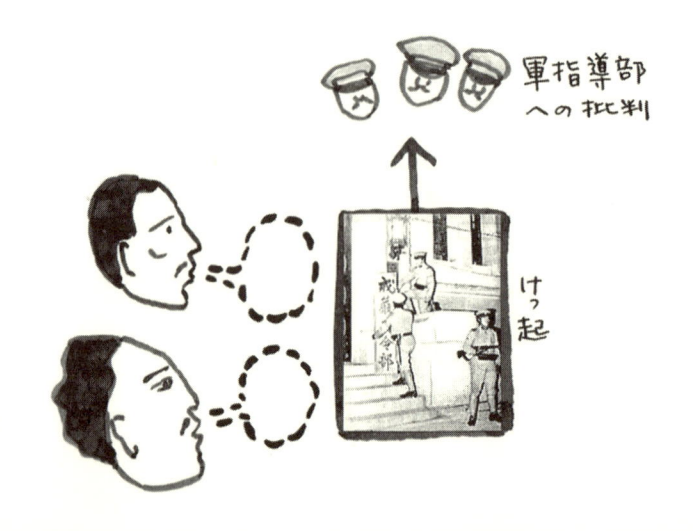

磯部と村中は蹶起青年将校の二大中心人物だが、北一輝という人間に対する評価は、信頼できる人物、あるいはカリスマ的で、自分たちにとっては尊敬に値する人物という点で一致していた。しかし、北一輝の革命思想を軍事クーデター後の国家改造にどう生かすか、という点では大きく違っていた。磯部は「余の所信とは日本改造法案大綱を一点一角も修正する事なく完全に之を実現することだ」といっている。村中も北の思想については全面的に同意しているというが、それを実行の目標としたのではないともいう。それに、村中は北の革命思想を実現するために蹶起したのではない、ともいっている。かれは『丹心録』にこう書いている。

　「第一、今回の決行目的はクーデターを敢行し、戒厳令を宣布し軍政権を樹立して昭和維新を断行し、以つて北一輝著『日本改造法案大綱』を実現するに在りとなすは是れ悉く誤れり。群盲象を評するに非ざれば、自家の曲れる尺度を以つて他を忖度量定の類なり。」つまり、北一輝の革命思想を実現するためにやったのではない、ということである。村中がその蹶起のとき実現する目的において、『日本改造法案大綱』との関係は、磯部とまったく違う考え方だった。

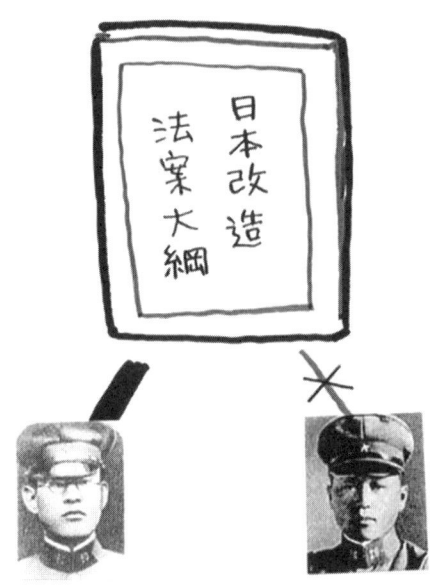

北は「しまった」、と

　青年将校たちが蹶起した後、北一輝は憲兵隊に同行を命じられ、その後に警察でも取り調べられている。北は2月24日、村中から蹶起することを知らされていたが、どのような方法、順序を踏んで、どういうスケジュールでクーデターを実現するかといった詳細については、まったく知らなかった。また、それを青年将校たちに問いただした事実もない。

　しかし、2月26日の蹶起以後の展開をみながら、北一輝は「しまった」という思いを抱いた。この言葉は、憲兵隊の聴取でも、警視庁の聴取でも出てくる。憲兵隊では、西田が訪ねてきて蹶起を報告した際のことを、次のように語っている。

　「大変な事が出来たと申しましたから、君（西田）は前から少しは知つてゐるかと尋ねました処、知つて居たと云ひましたので、私が斯る大事件を起すに付ては、僕にも少しは話して呉れそうなものではないか、一体どんな事になつて居たのかと反問しますと（中略──西田は答えず）、第一此の事態を如何にして収拾するかと云ふことが問題でありましたから、西田に対し、其の青年将校の行動に就ては、真崎（甚三郎）、荒木（貞夫）、本庄（繁）の各大将、小畑（敏四郎）、石原（莞爾）、満井（佐吉）さん達も承知して居るのかと尋ねた処、其等の人々には全然連絡して居ないと云ひましたので、私は『しまつた』と思ひました為めに、暫く次の言葉が出ず、無言で居りました。」

政治的人間としての石原莞爾

　ここで北が名前を出した真崎甚三郎、荒木貞夫、本庄繁は、すべて皇道派に同情的な将軍たちである。特に、本庄は辛亥革命の際に北一輝と一緒に行動していた。また、本庄の娘婿である山口一太郎は、蹶起した青年将校たちの兄貴分的な存在だった。山口は当日の週番司令で、蹶起した軍が通行するのを見逃す役割を担い、そのあとで本庄に蹶起を知らせた。これを聞いた本庄は、昭和天皇のもとに電話をかけて、この情報を伝えている。小畑敏四郎、満井佐吉も皇道派の幕僚だった。

　石原莞爾のみが統制派だが石原の軍事的才能やそのカリスマ性については、北一輝のみならず、蹶起青年将校たちもその存在を十分に意識していた。

　北は石原莞爾大佐との関係を、警視庁で次のようにのべている。

　「石原氏とは中野正剛氏が非常に親交があるので、最近会ふ事になつて居ましたが、まだ一度も会つて居りません。」

　石原は当時参謀本部作戦部長だったが、二・二六事件が勃発したとき、その最初から断固討伐を主張した。昭和天皇はのち（戦後）、その石原の主張を評価して、『昭和天皇独白録』で次のようにのべている。

　「参謀本部の石原莞爾〔作戦部長〕からも町尻〔量基〕武官を通じ討伐命令を出して戴き度いと云つて来た、一体石原といふ人間はどんな人間なのか、よく判らない。満州事変の張本人であり乍ら、この時の態度は正当なものであった」

　昭和天皇は事件勃発の当初から、蹶起軍を「反乱軍」とよび、その討伐を主張していた。このとき、軍人では、石原莞爾だけが断固討

伐の立場をとっていたので、天皇もその石原に共感する思いがあったのだろう。

そして、天皇の意思は次第に軍上層部にも伝わってゆく。そういう軍上層部の変化を起こさせないためにも、北は石原をもふくむ軍上層部への工作はどうなっているか、と西田に問うたわけである。

北は西田を通して、青年将校たちが蹶起した後の上層部への工作を考えていなかったことを知り、「しまった」と思ったというわけだ。さらに北はこういう。

「其時私は、斯(かか)る大事件を起すのに縦の連絡なくして事を起こしたのでは駄目だと深く感じました。」

北はこれとほとんど同様のことを、警視庁での聴取に対しても述べている。革命運動に関わってきた北一輝にすれば、純真な心で蹶起するのは構わないが、その後をどのように収めていくのか、事態が逆行しないためにはどのような人物——正確には政治的人間——に当たりをつけておくべきか、といった政治的思考は、革命を成就する上で不可欠な準備だった。磯部がいうような、真崎や川島は蹶起に反対しないだろう、蹶起軍を支援してくれるだろうといった不確かな希望的観測ではなく、予め、蹶起した後にはこのような役割を果たして欲しいと要望し、確約をしておくことが必要、というのが北の考えだった。

青年将校たちは、しかし、政治的思考をまったく持っていなかった。ほとんどの青年将校たちは、軍閥・門閥・財閥・学閥といった

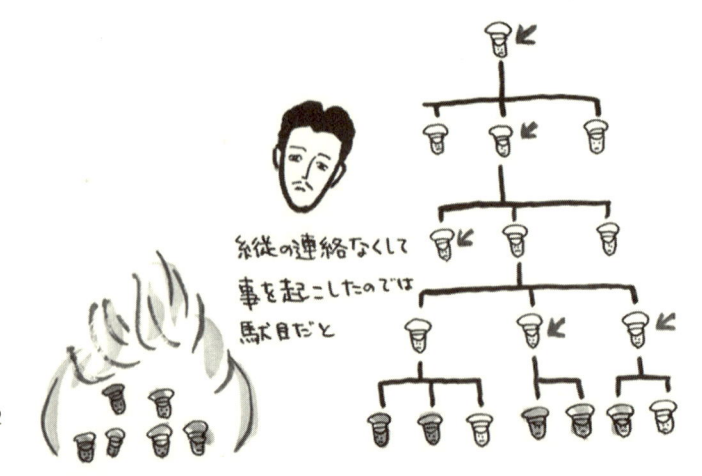

形で政治を行なっている支配階級は汚い、そのために世の中が乱れている、そのような支配階級は抹殺すべきである、と反政治主義的な思考をしていた。村中孝次に、そうした反政治主義的な、潔癖さを典型的にみることができよう。

　青年将校たちは、岡田啓介首相や斎藤実内大臣や高橋是清前大蔵大臣などの重臣の暗殺（未遂）という、ほとんどテロリズムに近いことをやっていながら、その結果としてどのような政権をつくるか、誰に後処理をしてもらうかをまったく決めてない。あとは「大御心にまつ」、という姿勢であった。自分たちは「君側の奸」を倒し、暗雲を払って革命原理としての天皇が顕現する行為をした、という意識だったのである。「大御心」が国民に届かないような形で、「君側の奸」が存在している。だから日本に不平等、貧困、不公正、があるというのが、彼らの論理であった。「君側の奸」を倒せば世の中はよくなる、という意味では、単純素朴な反政治主義だといってもよいだろう。

　蹶起のあとは「大御心にまつ」と彼らが考えていたとすれば、それは北一輝が考えるような革命ではなかった、ということもできる。

　実際に、後はお任せしますといわれた軍事参議官の真崎甚三郎は、軍人内閣の首班になろうという権力的な野心が大きく動いている一方で、どのような国家改造のヴィジョンも持っていなかった。そうだとすれば、二・二六事件は未完の軍事クーデターとして終わったのである。

V
北一輝 革命の敗北

昭和天皇と北一輝の対決

　昭和天皇は不穏な状況を察知してはいたが、青年将校たちが本当に軍隊を動かすとは思っていなかった。事件を知った天皇が洩らしたのは、まず、「とうとうやったか」、「朕の不徳の致すところ」という言葉だった。しかし、事態を深刻に受け止めた天皇は、すぐさま、かれらは「反乱軍」であると断定した。昭和天皇は、この断固たる考えを一貫して変えなかった。この天皇の一貫した意志がなければ、二・二六事件と呼ばれる軍事クーデターは成功していたかもしれない。

　北一輝は、天皇機関説の立場であり、天皇はいわば国家運営のロボットだと考えていた。北の内弟子を自任していた白狼会の寺田稲次郎は、北一輝の天皇観、および天皇の名を「奉ジテ」行なう革命の意味を、次のように伝えてくれている (「革命児、北一輝の逆手戦法」)。

　「何も彼も天皇の権利だ、大御宝(かこ)だ、彼れも是れも皆天皇帰一だってところへ持って行く。そうすると帰一の結果は、天皇がデクノボーだということが判然

とする。それからさ、ガラガラと崩れるのは。」

　北は、国家の機関としての天皇を「奉ジテ」クーデターをおこせば、結局、天皇はロボット、もしくは「デクノボー」であって、何の発言もしないし出来ないから、そこで天皇にすべてを帰一させてゆく体制は「ガラガラ」と崩壊してゆくだろう、というのである。

　そうであればこそ北は、自分が本当にクーデターを指導したのであれば、軍隊で皇居を取り囲んで、天皇の声がどこにも漏れないように、また誰もそこに入っていけないようにして、天皇の発言という形で国家改造を推進しただろう、というのである。天皇が華族制度をなくせ、独占資本の資本制限をせよ、私有財産に限度を設けよ、といっておられると国民にいえば、『日本改造法案大綱』の革命構想をそのまま、自分たちの思い通りの革命ができるだろう。そこまで考えていたのは、もちろん北だけだった。しかし、青年将校たちは天皇を機関とは考えておらず、北のようには考えていなかった、それゆえ、蹶起したのは「革命軍」ではなく「正義軍」であるという、北の『霊告日記』の記述となるのである。

　しかし、天皇は機関であって、みずから言葉は発しないという北一輝の考えとは逆に、昭和天皇は明確な意思を持ち、ある意味では見事な、断固とした国家意思を体現して、蹶起した軍隊を「反乱軍」であると見なし、その鎮圧を命じた。昭和天皇は、国体イデオロギーとは別に、天皇みずからの意識として日本は「天皇の国家」だと考えていたのである。その生々しい言葉は、侍従武官長だった本庄繁の２月27日の日記に、次のように記されている。

昭和天皇と北一輝の対決　　145

「朕が股肱の老臣を殺りくす、此の如き兇暴の将校等その精神に於て何ら恕すべきものありや、と仰せられ、又、朕が最も信頼せる老臣を悉く倒すは、真綿にて朕の首を締むるに等しき行為と漏らさる。」

北一輝とかつては革命の同志同然の間柄であり、その娘婿が青年将校たちの兄貴分的存在であったことから、侍従武官長の本庄は天皇に、蹶起した青年将校の純真な心は認めてやってもいいのではありませんかと、最後まで天皇の同情を求めた。彼らを処罰する段になっても、「勅使」を派遣していただけないか、それによって彼らに名誉の自決をさせられないか、と訴えている。これに対する天皇の反応を、本庄は次のように日記に書いた。

「(本庄が)老臣殺傷は固より最悪の事にして、たとい誤解の動機に出ずるとするも、彼等将校としては斯くすることが国家の為なりとの考えに発する次第なりと、重ねて申上げしに、夫はただ私利私欲の為にせんとするものにあらずと云い得るのみ、と仰せられたり。」

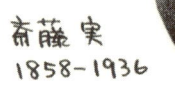

天皇は、青年将校たちが「私利私欲」のために蹶起したのではないとは認めるものの、鈴木貫太郎侍従長(未遂)や、岡田首相(未遂)や斎藤実(内大臣、元首相)や高橋是清(元蔵相)ら政府首脳や重臣を殺害したことにおいて「朕の首を真綿で締むる」ようなことをした、と激怒したのである。

　二・二六事件は、最後の最後で、昭和天皇じしんの「天皇の国家」、「天皇の軍隊」であるとの立場から青年将校たちを反乱軍と位置づけた認識と、あれは「革命軍」ではないが国家の「正義軍」である、なぜならば日本は本来「国民国家」であり、軍隊は「国民の軍隊」であるべきだからだ、と考えた北一輝の革命思想とが全面対決することになったのである。

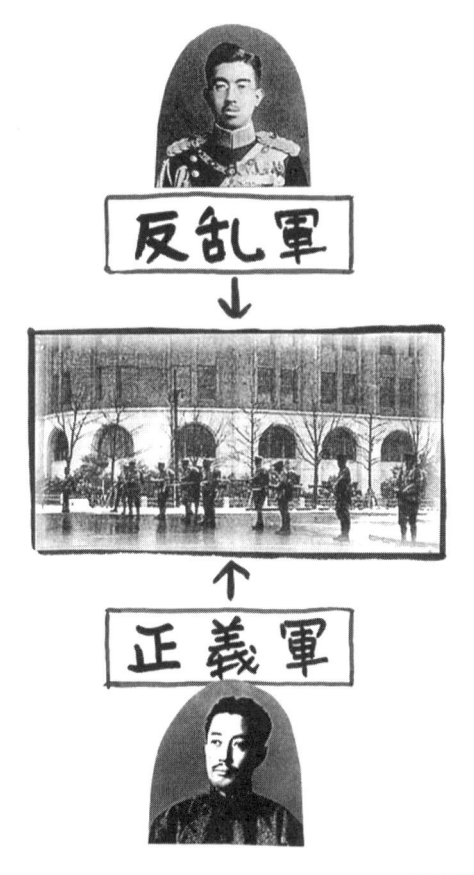

昭和天皇と北一輝の対決

昭和11年2月26日の当日

　二・二六事件が勃発したとき、最初に北一輝のところに薩摩雄次から電話があった。薩摩は後に衆議院議員になった人物である。もとは鉄道大臣だった小川平吉の秘書だった。小川は宮澤喜一（首相）の祖父に当たる。小川平吉は辛亥革命を支援する立場をとり、犬養毅と共に中国に渡っている。辛亥革命を通じて、小川も北と知り合っていた。

首相官邸

小川平吉

薩摩雄次

蹶起部隊が占拠した山王ホテル

26日の早朝、薩摩は北に、蹶起軍が首相官邸を占領し、首相の安否は不明だと伝えた。さらに西田税から、すべて予定通りいったようだ、あとはお目にかかった上でという電話があり、この日の午前中から西田は北一輝の家につめていた。

　西田の電話からほどなく、中野正剛からも北のところに電話があった。1935(昭和10)年12月に中国へ行くという中野に、北一輝は辛亥革命での同志だった張群への手紙を託している。張群は蔣介石の片腕といわれ、外務大臣役である外交部長を務めていた。張群は、辛亥革命＝第一革命の成果が袁世凱によって簒奪されたあと、日本に亡命し、北の家の近くに下宿するという仲だった。

　北はこのとき、張群への手紙に、昭和11(1936)年の3月頃に中国に行って、日中戦争の収拾を相談したいと記している。北がもう少し早く中国へ行っていれば、二・二六事件に遭遇することはなかったともいえる。中野の電話は、「えらい事が起きたね」といって、中国から戻って以来、まだ会う機会がなかったので近々会おう、といった。この時点で、中野は青年将校たちの蹶起に北が密接に絡んでいるとは想像していなかったらしい。

　続いて、『やまと新聞』の岩田富美夫から電話があり、彼がつかんでいた情報、蹶起した軍隊が首相官邸、警視庁、陸軍省、参謀本部などを占領していることが伝えられた。岩田は、北一輝が上海で『日本改造法案大綱』を書いていた時期に、その身近にいた大陸浪人である。

北一輝は、この日何度か、蹶起軍のところに電話をかけている。そのあと戒厳指令によって、蹶起軍が占拠していた場所の電話はすべて盗聴されており、その録音盤が残っていたことが30年ほど前にわかった。北はその電話で、「金、金、マルはいらないのか」といったという。その録音盤を発掘してきたNHKの中田整一氏は、最近になって、この電話は北一輝からのものではなかったと主張している。その理由を、北一輝のような高潔な人物が「ダーティー」に、金のことを聞く、マルといった言い方をするはずがない、とのべている。しかし、革命運動を維持するためには、必ず金の問題が出て来る。それに、俗に革命運動が崩れるのは金と女によるというが、中国の辛亥革命での体験から、そのことを北はよく知っていた。だから、この二・二六のときに北が軍資金の話をしたことは、大いにあり得るだろう。

　北一輝が電話で、真崎甚三郎を暫定首班としたほうがいいのではないかと指示した記録も残っている。青年将校たちの間には、真崎に対して、本気になって事後処理をやってくれるか危ぶむところもあり、はじめは柳川平助(中将)の名が挙がっていた。しかし、台湾軍司令官として台湾にいた柳川を呼び戻すには3日も4日もかかる。それでは時機を失する、まずい、というのが、北の判断だった。打つべき手はすぐに打っておかねばだめだ、と考えて、真崎を信用しているわけではないが、とりあえずは軍事参議官の真崎に一任せよ、と進言したのである。でなければ、蹶起部隊が鎮圧されることになる。「時局収拾は青年将校を有利に保護するものの内閣でなければならぬと考えた」と、北はのち警視庁の取調べで述べている。

いつまでも自分たちで軍隊を動かしていれば、統帥権干犯になるかもしれないが、蹶起軍はいちおう戒厳部隊となっており、その間に軍人政権をつくり、真崎なら真崎という軍事参議官に首班を任せれば、それは青年将校たちが統帥権を勝手にし、兵を私に動かしたことにならない。そのように北は具体的に、陸相官邸を占拠していた栗原安秀に電話したさい、考えていたのだろう。

　ともあれ、北が青年将校たちに電話をして事態に対応している内容は、戒厳司令部によって傍受されており、北を聴取した憲兵隊もこのことを知っていた。2月28日午後4時頃、憲兵隊が北一輝の家へ来て、同行を求めた。これが実質的な北一輝の逮捕であった。このとき、西田は北の家にいたが、西田の消息を尋ねられた北は、知らない、としらばっくれている。そうこうしているうちに、西田は北の家を脱出した。

2月28日、最後の『霊告日記』

　2月28日の午後1時の段階では、まだ事態がどのように展開するのかわからない状態である。台風の前に風がぴたりと止まる現象と同じように、北一輝の身辺も大波の中にありながら、音が途絶えて静かになった、というような状況だったのだろう。北はまだ逮捕されていない。『霊告日記』には28日朝の記述の後に、

　「午後一時　祈願　大海ノ波打ツ如シ」

　と記されている。風はぴたりと止んでいるが、どこかで大海の波が打ち、北じしんはその大きなうねりのような気配を感じていたのだろう。この記述の後、『霊告日記』が書き続けられることはなかった。午後4時ごろ、憲兵隊が訪れ、北に同行を命じたからである。

　戒厳司令部はこの段階で、天皇の断固たる鎮圧の意志に基づいて、蹶起軍を武力討伐する方針を固めていた。攻撃開始の時刻は29日午前9時と決められた。

　鎮圧の方針を具体的に示された蹶起将校たちは、兵士を原隊に帰した。野中四郎、河野寿は自決し、安藤輝三は自決を図ったが命をとりとめた。これによって、二・二六事件自体は終息し、その直後から青年将校たちへの軍事裁判が始まった。

　同年7月5日には、17名に死刑判決が出て、7月12日には早くも15名の刑が執行されている。磯部浅一、村中孝次は元軍人であり、いまは同じ民間人であるところの北一輝、西田税の裁判で証言するために、後に残された。この二人は、北・西田と共に、翌昭和12(1937)年8月19日、銃殺刑に処せられた。

北一輝は西田税とともに昭和12年8月14日、死刑判決を受けている。北は処刑される前、友人である大川周明、中野正剛、永井柳太郎らに遺書や別れの言葉を残している。中野あてのものはすでに引用したので、ここでは、門下生ともいえる馬場園義馬を通じて大川周明に残した言葉を引いておく。
　「それから大川周明君に言伝(ことづて)て貰ひたい。君達には何とか大川君に伝へる方法があるだらうから……。
　自分は外に出て会つて居た時よりも、一層茲(ここ)に這入(はい)つてから、大川君の事を心配して居る。嘸(さ)ぞ刑務所に入つて居て辛らひだらうが、身体を大事にして働かれる様にと伝へて貰ひ度(た)い。」
　このとき、大川周明は五・一五事件の判決によって禁錮5年に処され、市ヶ谷ついで豊多摩刑務所に下獄中だった。下獄したのは、二・二六事件直後の前年(昭和11年)6月16日だったから、もう獄中生活は1年を越えていた。このほか、秘書役であった実川時次郎、原田政治あての遺書もあった。

磯部浅一のルサンチマンと三島由紀夫

　北一輝と西田税の裁判は、昭和 11 年 10 月 1 日に始まり、公判が 12 回開かれている。北は当初、次の 2 点を否認し続けた。
　1、『日本改造法案大綱』は国体と相容れぬ不逞矯激なる思想であること。
　2、青年将校を指導し煽動して『日本改造法案大綱』の実現を企てたこと。
　軍部は、北一輝によって反国体的な悪い思想が外から持ち込まれたために、二・二六事件が起きたという構図を描いており、軍そして軍人を守るため、クーデター指導者としての北の死刑を前提としていた。つまり磯部浅一ら青年将校は北の悪しき指導を受けて、結果として誤った行動をとった、という体制(軍部支配)の論理で処罰されたのである。

獄中の磯部浅一は昭和天皇が二・二六事件の際、「日本もロシアのようになりましたね」と述べたことを伝え聞いている。誰が伝えたかはわかっていないが、獄中の彼らには、軍上層部の考えなどが伝わっていたようだ。磯部はその『獄中日記』に
　「天皇陛下、ご失政でありますぞ」
とその憤怒を洩らしている。8月1日には、次の記述もみられる。
　「何にヲッ！　殺されてたまるか、死ぬものか、千万発射つとも死せじ。断じて、死せじ、死ぬる事は負ける事だ。成仏することは譲歩する事だ。死ぬものか、成仏するものか。悪鬼となって所信を貫徹するのだ。」
　昭和天皇を悪鬼のようになって恨み続けるという磯部のルサンチマン(怨恨)を、三島由紀夫は後に最もつよく受け止めた。そのころ、美輪明宏が『英霊の声』(1966年)を書いた三島に、あんたこの頃少しおかしいよ、誰かの霊がついている、といった。二・二六事件の青年将校と戦中の特攻隊の青年隊員は、昭和天皇を神と思って、その神のために死んでいったのである、だから彼らのために天皇は神でなければならない、戦後の「人間宣言」によって天皇は「なぜ人間になったのか」という怨み言が、『英霊の声』のテーマである。三島はこの作品で、「などてすめろぎは人間となりたまひし」という怨み言を繰り返した。昭和45(1970)年11月25日、三島は自衛隊に乱入し、「天皇陛下万歳！」と叫んで自決していった。そのような三島には、「天皇陛下、ご失政でありますぞ」「殺されてたまるか、死ぬものか」といい続けた磯部浅一の霊がついている、と美輪明宏はいったのである。

軍事裁判における北一輝

　北一輝の軍事裁判において、裁判長に当たる判士を務めた吉田悳少将が、判決に至る過程を記した「手記」がある。
　「十月一日　北、西田第一回公判。北の風貌全く想像に反す。柔和にして品よく白皙(さすが)。流石に一方の大将たるの風格あり。西田第一線の闘士らしく体軀堂々、言語明晰にして検察官の所説を反駁するあたり略(ほ)ぼ予想したような人物。」
　西田は昭和維新運動の渦中にあっては、革命ブローカーと批判されたりもしたが、吉田は堂々とした闘士であるとみた。そして北の人物および風格に感銘を受け、わざわざ北が投獄されている刑務所に会いに行き、さまざまな話をしている。
　「十月二十日　北、西田証拠調(しら)べ終る。北は改造法案に対する所見を述べ、不逞思想に非ずと主張す。その点確かに同意せざるを得ぬ。」

裁判長としての吉田悳は、北と西田の主張の正当性を認めて、死刑には当たらないと判断した。しかし、軍部は当初から、両者の処刑を目指していた。その方向を決めた中心人物は、統制派の中核にいた片倉衷である。片倉は、石原莞爾の下で、満州事変にも関与していた。昭和天皇の『独白録』には、石原莞爾というのはどういう人物かわからない、満州事変のようなことを起こしたという点では、理解し難い人物だが、二・二六事件の時だけは首尾一貫して討伐をいった、これは正しい、といった記述がみられる。二・二六のとき石原莞爾とともに討伐側にいた片倉衷を憎んでいた磯部は、片倉なんか殺してしまえ、といった。

　軍事裁判のはじめのころ、北は『日本改造法案大綱』は不逞思想に当たらないと主張し続けた。しかし、しだいに、軍部が処罰を断行する方針を予め決めていることに気づく。明晰な知性を持つ北は、そのことを察知した上で、できるだけ蹶起した青年将校の立場に立って、その行動の正当性を弁護したうえで、最後は彼らと共に死んでいくのが自らの務めである、と思い定めた。蹶起という行動のためには、激発する感情とともに、その行動を起こす思想がなければならない。その思想の責任を取る、そうでなければ蹶起した彼らが歴史的に位置づけられない、というのが、北の考えであったろう。

軍事裁判における北一輝　157

第4回公判で法務官、民間でいうところの検察官に当たる伊藤章信が、『日本改造法案大綱』がいかに不逞思想であるか、と弾劾した。その論理は、『日本改造法案大綱』に憲法の3年間停止とあるのが、憲法の否認であり、これはすなわち明治天皇の否認であり、国体の否認であるという、むちゃくちゃなものだった。これに対して北一輝は、自分はその論理については納得していないが、憲法の停止が否認であることについては承認するとして、こう述べた。
　「法務官殿の申されまする法的立場より停止が否認と云ふことは、今日迄解しておりませんでした。然しながら、法務官殿は（私を）何処に陥入れるかと云ふことが知れました今日、尚今迄極刑にされますことを覚悟しました以上、停止が否認であり日本改造法案の根本思想が矯激なる思想と申されますることを承認致します。」
　はじめから極刑の結論が決まっているのならば、第1点のその処刑の論理を承認せざるを得ないという認識である。そうして、第2点の青年将校を「煽動」云々の論理についても、青年将校が『日本改造法案大綱』の思想を信じたという理由で極刑にされるのならば、その思想を提供したのは自分であるので、「青年将校を見殺しにすることが出来ません故、承認致します」とのべたのである。
　その結果、10月22日の公判で、北一輝と西田税に対し死刑の

求刑が行なわれた。

「被告北輝次郎、西田税は国体擁護、国威恢弘の美名の下に社会民主主義の思想たる、我国と絶対相容れざる矯激不逞なる日本改造法案に記載せる思想に依り、純真なる青年将校を眩惑せしめ、日本改造法案の具現の為め、国憲、国法を無視し、統帥権を干犯し、直接行動も敢へて辞せざるとの信念を抱かしめ、国史に一大汚点を印したる罪、情状酌量の余地なし。

　求刑

　被告北輝次郎、西田税に対しては死刑を求刑す。」

この伊藤章信法務官＝軍部の論告には「殆んど価値を認め難し」と考えた吉田悳は、検察側は二・二六事件の責任をすべて北と西田に帰しているが、「最大の責任者は軍自体である。軍部特に上層部の責任である」と、その「手記」に書いている。にもかかわらず、それが軍部の既定方針であるため、かれは北の死刑を宣告せざるを得なかった。

斎藤隆夫の二・二六事件批判

　北と同様に天皇機関説の立場をとっていた斎藤隆夫は、二・二六事件の直後、帝国議会でこの蹶起事件に対する批判演説(いわゆる「粛軍演説」)をしている。しかし斎藤は、北一輝はその革命思想を提供しただけであり、この事件の真の責任は軍部の指導者にある、とも述べている。──『日本改造法案大綱』の影響を受けた青年将校たちが、国家を改造しなければならないと考え、そのためにはテロリズムも辞さない。正しいことをするのであるから、その手段は肯定されるとしてクーデターを起こした。これよりまえ、少壮軍人たちは三月事件、十月事件を企てた。その後に大規模な五・一五事件が発生した。このような事件が次々に起きたときに、軍部の指導者たちは一切の責任を負わず、クーデター(未遂)の企てを行なった少壮軍人たちの処罰も行なわなかったことを、斎藤は指弾した。つまり、このような二・二六事件の萌芽のときに、その芽を取り除かなかったことが、改造熱にかかった青年将校たちを増長させた、と。

　五・一五事件の場合も、ほとんど軍隊行動といってよく、一国の首相(犬養毅)が暗殺されている。にもかかわらず、100万人を越える国民の助命嘆願運動の効果もあって、ほとんどが減刑された。軍部の責任は問われず、極刑の死刑もなかった。

昭和6年 三月事件　陸軍中堅将校・陸軍幕僚部と大川周明らが宇垣一成を首班とする軍部政権の樹立を図り失敗。
(1931)

　　　　十月事件　彼らは10月にも荒木貞夫を首班とする軍部政権の樹立を図って不発。

昭和7年 五・一五事件　5月15日、海軍将校6名
(1932)　　　陸軍士官候補生11名が首相官邸、牧野伸顕邸、政友会本部を襲撃。犬養首相が殺された。

昭和10年 相沢事件　8月12日、相沢三郎中佐が永田軍務局長を切り殺した。
(1935)

その背景には、昭和初期の政党政治の惨状がある。政友会と民政党の二大政党は政権を手にすることだけを目的として、スキャンダル合戦をくりひろげ、多数派工作のため賄賂まみれで腐敗していた。たとえば中野正剛が昭和3年、中国東北軍閥の張作霖を爆殺した関東軍の河本大作(大佐)と陸軍の責任を隠そうとした政友会の田中義一内閣の責任を追及した。すると、政友会の小川平吉(鉄道大臣)らは、中野正剛は共産党員であるとして、その秘密共産党員番号やら、ロシア共産党から送金されて来る銀行口座までででっち上げるといった工作をしている。この資料が、実は小川平吉のところに残されているのである。このように政党は自己の政権の保持を図ったり、多数派工作のためにさまざまな策謀を巡らし、互いに足を引っ張り合っていた。だから、汚い私闘を演じている政党には政治を任せておけない、そのような汚い政治をしない軍部、「清新」な軍人に政治を任せればよい、という心理が国民に高まり、「国を憂えて」行動する軍人が甘やかされることになった。そのため軍部は、「神州不滅」「皇軍不敗」の神話を強化しつつ、軍人が起こした暗殺事件やクーデター(未遂)事件を闇に葬り処罰しなかったのである。その結果、五・一五事件で軍法会議にかけられた青年将校たちへの助命嘆願運動は、100万件にもおよぶ手紙となったのだ。

斎藤隆夫は、国会演説でこのような軍部の肥大化と無責任体制が「純真」な少壮軍人つまり青年将校を甘やかすことになった状況を鋭く批判したのである。この演説は「粛軍に関する質問演説」として名高い。「軍人勅諭」によれば、軍人は政治に関与しないとなっているが、現状は軍人が現役大将のまま政友会のトップに座ったり、軍人中心の内閣を組閣したりしている。昭和初期の内閣には、閣僚の半数近くが軍人の場合もある。これは、明治天皇が軍人に賜った「軍人勅諭」に反する行為ではないか、と斎藤は問う。青年将校たちは「純真」でもあるが、「単純」でもある。そして、その「単純」な青年将校が政治的革新運動に関わることを放置すると、極めて危険ではないか、とも述べた。

　「凡そ禍は之を初に断切ることは極めて容易であります。容易であると同時に、将来の禍を防ぐ唯一の途であるに拘らず、之を曖昧の裡に葬り去つて、将来の禍根を一掃することが出来ると思ふ者があるならば、それは非常なる誤であるのであります。昔の諺にも、寸にして断たざれば尺の憾あり、尺にして断たざれば丈の憾あり。仮令一木と雖も之を双葉のときに伐取ることは極めて容易でありますが、其根が深く地中に蟠居するに至つては、之を倒すことは中々容易なことではない。」

このように、斎藤は青年将校たちの改造熱にかられた革新運動、テロリズムを芽のうちに伐り取らなかった軍部の責任を激しく追及した。

　ここにおいて、同じ天皇機関説に立脚しながら、その天皇機関説を日本の革命運動のために利用した北一輝と、天皇機関説のうえに立って政党政治を行ない、政党が担う責任内閣が国家運営を行なうとした斎藤隆夫の立場は、まったく逆になった。

北と西田の死刑判決

10月22日の論告求刑を受けた北一輝は、次のように意見を述べて、死刑を受け入れた。

「裁判長閣下、青年将校等既に刑を受けております事故、私が三年、五年と今の苦痛を味ふ事は出来ません。総てを運命と感じて居ります。私と西田に対しては情状酌量せられまして、何卒求刑の儘たる死刑を判決せられんことをお願ひ申上げます。」

西田税が最後に残した歌がある。

　　　かの子らはあをぐもの涯にゆきにけり
　　　　　涯なるくにをひねもすおもふ

「かの子ら」とはすでに処刑された15人の青年将校たちである。かれらが往った「あをぐもの涯」、その死者のいる国を一日中思いつづけているという内容である。この歌からも、西田税が単なる革命ブローカーなどではなく、ある意味ではロマン主義的な、想像力ゆたかな詩人でもあったことが伝わってくるだろう。

これに対し、北一輝はロマン的革命家でもあるが、長年の革命運動の経験から政治的なリアリズムも兼ね備えていた。二・二六事件において、北は一瞬、青年将校たちのクーデターは成功するかもしれないという期待も抱いたかもしれないが、その本質を「国民の軍隊」と作り変えたはずの蹶起軍を最終的に「軍隊は天皇のものである」として奪い返されたことを、冷静に認識していた。北がその敗北の認識を辞世のような形で残したのが、
　　　若殿に兜とられて敗け戦
　という句だった。ここにいう若殿とはむろん昭和天皇であり、兜は軍隊を指している。昭和天皇に軍隊を取り戻されて敗け戦になった、という表現には、北の冷静な認識とともにユーモアさえ感じられる。
　吉田悳は死刑判決を出した8月14日、「手記」にこう記している。
　「八月十四日、北、西田に対する判決を下す。好漢惜みても余りあり。今や如何ともするなし。宣告後、西田氏は裁判官に対し何事か発言せんとする様子に見受けられたが、北氏は穏やかに之を制し、両人とも裁判官に一礼し静かに退出したのであつた。」

この死刑判決を知って、若き日の北一輝と知り合いだった『大菩薩峠』の中里介山は、「八月十四日　聞北一輝(老漢)判決」と題する漢詩を書いて、北の弟・呤吉に送っている。このひと月ほど前に起こった盧溝橋事件(支那事変)から、日中両軍は全面戦争に突入していた。中里介山の漢詩は、その日中両軍の上海での激しい戦闘を背景にしたものである。内容は、次のようなものだった。

　――上海の老幼男女はみな爆撃で死にさらされ、子供たちが泣き叫び、平和は遠い。日本の兵たちは、親を顧みる余裕もなく外地で死んでゆく。このとき、古くから知る北一輝(老漢)は刑死していく、と。

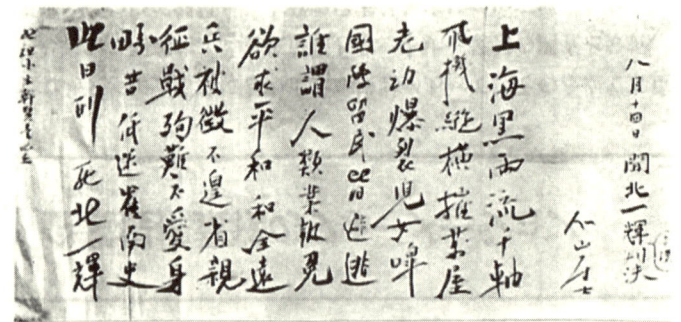

中里介山の漢詩

上海・共同租界の南京路

ロマン主義的革命家の精神

　獄中にあった北一輝に面会に行くことができたのは、親族、しかも１回に２人と限られていた。ただし、処刑直前には、北の直弟子ともいえる書生の馬場園義馬や、辛亥革命のさいに上海で知り合った黒沢次郎——北は「お父さん」とよんでいた——とが面会を許されている。馬場園は、『支那革命外史』ばかりではなく、『国体論及び純正社会主義』なども復刻していきたいといったが、北はこう答えた、と「北一輝先生の面影」に書き残している。
　「国体論は皆が読み誤つてはならぬし、又あれは私が二十二、三の若い頃、気がスーッスーッと立つ儘に書いたもので、国体に対する認識不足の点もあつたので、あれは出さぬ方が良いだらう。……改造法案も大分前に書いたもので時勢も違ふが、出して良いだらう。あれは発禁になつて居るかね。発禁になつて居なければ出して宜ろしい。」

左より北夫人、馬場園義馬、北大輝
（北邸の庭で）

前列左より二人目北夫人、北大輝、右端黒沢次郎、二列目、左より二人目、北晶作夫人、三人目西田税夫人（大輝の兵営で）

このように遺言に近い形で、北は馬場園に話している。また、次のようにも語ったという。
　「斯(こ)の改造法案を実現する為(どう)めには、如何しても自分達の犠牲が必要なのだ。」
　つまり、自分の思想の正しさを証明するためには、その思想のためにみずから死んでいく精神的強靭さがなければならない、というのだ。これは三島由紀夫が自分の思想を証明するために死んでいったのと同じ、ロマン主義的発想である。ロマン主義というのは、自分のなかに正義や美の基準がある。だから、美しいものを見ようと思ったら目をつぶれ、という精神の型である。伝統的な発想とすれば、陽明学の「知行合一」に近く、思想の自律性にそのまま任せていくのではない。みずから、その正しさを証明するために生命をかけるのである。このことを述べるのに、北一輝は乃木希典将軍が旅順攻城戦のさいに自分の二人の息子を死なしめた事例を引いているが、乃木はまさに陽明学の信奉者であった。北一輝が敬愛した西郷隆盛も陽明学の徒であった。
　なお、北一輝が『国体論及び純正社会主義』の原本に手を入れたものが、満川亀太郎のもとに残されていた。これは満川の手に渡るまで、かなり長い間西田税が持っていた。西田税は北一輝に心酔していたことから、書く字も文体もよく似せていた。このため、どこまで北一輝が書き入れたものか、それが何時のことか、仔細に検討する必要がある。つまり、北が手を入れたのが発禁になったすぐ後なのか、それともその生涯の終わりに近い時期だったのか、という問題もある。そういった学術的な北一輝の思想研究の道はまだ残されているといえるかもしれない。

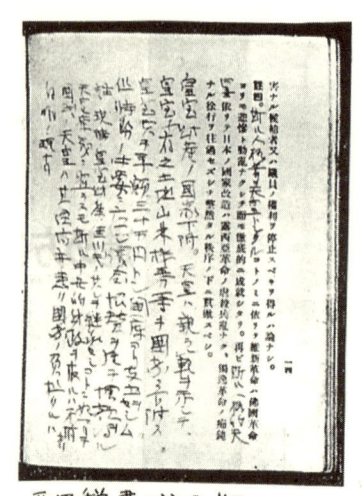

「天皇陛下万歳」を唱えず

　昭和12(1937)年8月19日、北一輝、西田税、磯部浅一、村中孝次の4人が、銃殺刑に処された。現在、東京・渋谷のNHK放送センターの一画が、かつて代々木の練兵場があった場所である。その代々木練兵場の西北のはずれで、北たちは処刑された。

　午前4時30分、北は塚本定吉刑務所長に起こされた。真夏のことだから、外はやや明るくなりはじめていたかもしれない。ただ、この日は曇りである。

　この前年に処刑された青年将校たちのうち、最後までただ一人「天皇陛下万歳」と唱えなかったのが安藤輝三(大尉)で、安藤は「秩父宮殿下万歳」と叫んだ。かれは、かつて秩父宮と一緒に勉強をしたこともあり、秩父宮びいきだった。西田税もまた、秩父宮が好きで、宮から何かじぶんに伝えることがあれば、この男に伝えよ、と指令を与えられたこともあった。

秩父宮雍仁親王(大正天皇の第二子)
1902-1953

北一輝の仏壇
(北と西田の肖像写真がかざられている)

北たち4人が処刑の前に刑場で一堂に会した時、西田税が誰にともなく「われわれも天皇陛下万歳を三唱しましょうか」と問うと、誰も答えない。このとき北一輝は、「いや、私はやめておきましょう」と応じた。そのため、4人の誰もこのとき天皇陛下万歳を唱えなかった。

　午前5時40分に予定されていた死刑執行は、かれら4人が塚本刑務所長や看守たちに挨拶をするなどしていたため、10分遅れ、5時50分に行なわれた。四つの刑架が横一列に並べられ、約10メートルの距離からの一斉射撃だった。北はおよそ2分、西田は1分、磯部、村中はともに2、3分で絶命した。

　北一輝、享年54歳4カ月。

　曇りだったせいか、この日は6時になっても陽は昇らなかったという。

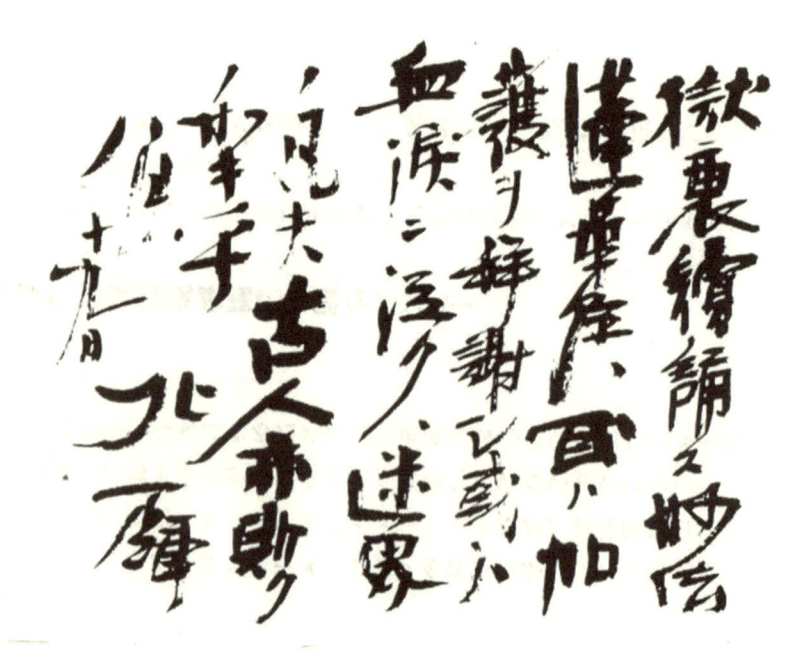

北一輝絶筆

北一輝は毎朝誦んでいた法華経を獄中にも持っていき、毎日誦んでいた。これは郷里の佐渡にあったものだという。北はこの法華経に、息子の北大輝にあてた遺言を、8月18日付で書いている。大輝は、孫文や黄興とならび、辛亥革命の中核を担った譚人鳳の孫、瀛生(英生)であり、かれを養子にしたのである。父親の譚弐式は中国革命のさなかに銃殺されていた。母親は長崎で産褥熱のため死んでいた。

　「大輝ヨ。此ノ経典ハ汝ノ知ル如ク、父ノ刑死スル迄読誦セル者ナリ。

　汝ノ生ルルト符節ヲ合スル如ク突然トシテ父ハ霊魂ヲ見神仏ヲ見此ノ法華経ヲ誦持スルニ至レルナリ。即チ汝ノ生ルヽトヨリ父ノ臨終マデ読誦セラレタル至重至尊ノ経典ナリ。父ハ只此ノ法華経ヲノミ汝ニ残ス。

　父ノ想ヒ出サルル時、父ノ恋シキ時、汝ノ行路ニ於テ悲シキ時、迷ヘル時、怨ミ怒リ悩ム時、又楽シキ嬉シキ時、此ノ経典ヲ前ニシテ南無妙法蓮華経ト唱ヘ念セヨ。然ラバ神霊ノ父、直ニ汝ノ為ニ諸神諸仏ニ祈願シテ、汝ノ求ムル所ヲ満足セシムベシ。……」

　なお、大輝は昭和20(1945)年8月19日、奇しくも北一輝の命日に、上海の地で客死したといわれる。

譚人鳳

北大輝

北大輝への遺書

若殿に兜とられて敗け戦

　北はその死をまえに「若殿に兜とられて敗け戦」と詠んだが、この、いわば辞世の句によって、軍事クーデターによる革命の企てが昭和天皇の前に敗れ去ったことをはっきりと認識していたことがわかる。かれは天皇機関説の立場をとっていたが、明治天皇が「大帝」として、明治維新革命に革命的な役割を果たしたことを、よく理解していた。しかし、昭和天皇に対しては、その「若殿」という言葉遣いにも表われているように、明治天皇から見た「朕が子孫」という捉え方であった。明治時代に青春を過ごした北は、そうした意味で、昭和天皇の「畏るべき」実力を見損なっていたといえるかもしれない。昭和天皇が、日本の軍隊は「天皇の軍隊」であるという認識のもとに、蹶起した青年将校たちをはじめから「反乱軍」とみなし、武力討伐という意志を貫き通すとは考えていなかったとおもわれる。

　北の考えでは、二・二六事件を昭和維新革命として成功させるためには、皇居を蹶起軍で封鎖し、天皇の言葉や意志を外に漏らさないかたちで国家改造を断行することが条件であった。そのためには、北一輝自身が蹶起軍を指揮していなければならなかったのだろう。しかし、北じしんは革命思想を提示しただけで、みずからの使命はすでに終えている、と考えていた。

　二・二六事件以後の日本は、軍部の統制派が権力を手にして、総力戦としての日米戦争に向かっていった。その結果が、北がかつて予見したように、米英露支の四大国を相手とする「世界第二大戦」であった。そして、そのさきに大日本帝国の「滅亡」が待っていた。

北一輝と蹶起軍将校・安藤輝三大尉との交信内容

安藤――あ〜、もしもし、もしもし。
北――はい。
安藤――どなたですか・・・・・。
北――キタ。
安藤――エッ！
北――キタ。
安藤――えッ？
北――キタだよ。
安藤――はたが騒がしすぎて聞こえないんですがね。
北――××××。
（意味不明）
将校――××をですか。
北――ええ。
将校――ええほぼ順調にいっています。
北――えッ？
将校――えッ、ほぼ順調にやっております。
北――×××××。
将校　ほぼ順調にいっております。
（詳細不明）
北――カネはいらんかね。
安藤――えッ？
北――カネ、カネ。
安藤――なんですか？　えッ！　カネですか？
北――カネ、カネ、マル、マル、カネはいらんかね・・・・・。
安藤――なに・・・・・。
北――カネッ。
安藤――マルですか・・・・・。
北――ええ。
安藤――ええ、マルですか。マルは大丈夫です。
北――大丈夫。あのね。
安藤――ええ。
北――心配ないね。
安藤――ええ。
北――じゃあ。
（通話終了）

松本健一………文
麗澤大学教授・評論家
1946年、群馬県前橋・生まれ。東京大学経済学部卒業。
法政大学大学院で近代日本文学を専攻。
在学中の1971年に『若き北一輝』を発表し話題となる。
『白旗伝説』『われに万古の心あり』『日本の失敗』など著書多数。
1995年『近代アジア精神史の試み』でアジア・太平洋賞、
2002年『日本の近代Ⅰ開国・維新』で吉田茂賞。
2005年　第8回司馬遼太郎賞。
また『評伝　北一輝』（全5巻）により第59回毎日出版文化賞。
その後の新刊に『司馬遼太郎が発見した日本』『三島由紀夫の2・26事件』
『日・中・韓のナショナリズム』『泥の文明』『畏るべき昭和天皇』
『藤沢周平が愛した静謐な日本』『ドストエフスキイと日本人』などがある。

ふなびきかずこ………イラスト
漫画家
1951年、兵庫県生まれ。
4コマまんが「きみのものはぼくのもの」「ももこ姫」を雑誌に連載。
1991年、読売国際漫画大賞優秀賞受賞。
2001～2002年「ももこさん」『東京新聞』他夕刊に連載。
また、フォー・ビギナーズ サイエンス『歯で守る健康家族』、
フォー・ビギナーズ シリーズ『新選組』『住基ネットと人権』
『ハンナ・アーレント』『誤解だらけの個人情報保護法』の絵を担当。

FOR BEGINNERS シリーズ（日本オリジナル版）
103
北一輝の革命
2008年10月30日　第1版第1刷発行

松本健一………文
ふなびきかずこ………イラスト

発行所
　株式会社現代書館
発行者
　菊地泰博
　東京都千代田区飯田橋3-2-5　郵便番号 102-0072
　電話 (03) 3221-1321　FAX (03) 3262-5906
　振替 00120-3-83725　　http://www.gendaishokan.co.jp/
装幀・組版
　中山デザイン事務所
印刷
　東光印刷所／平河工業社
製本
　越後堂製本
校正協力
　岩田純子

ⓒ2008.Printed in Japan.　ISBN978-4-7684-0103-3
定価はカバーに表示してあります。　落丁・乱丁本はおとりかえいたします。

FOR BEGINNERS シリーズ

歴史上の人物、事件などを文とイラストで表現した「見る思想書」。
世界各国で好評を博しているものを、日本では弊社が版権を取得し、
独自に日本版オリジナルも刊行しているものです。

① フロイト
② アインシュタイン
③ マルクス
④ 反原発*
⑤ レーニン*
⑥ 毛沢東*
⑦ トロツキー*
⑧ 戸籍
⑨ 資本主義*
⑩ 吉田松陰*
⑪ 日本の仏教
⑫ 全学連
⑬ ダーウィン
⑭ エコロジー*
⑮ 憲法*
⑯ マイコン*
⑰ 資本論
⑱ 七大経済学
⑲ 食糧
⑳ 天皇制
㉑ 生命操作
㉒ 般若心経
㉓ 自然食*
㉔ 教科書*
㉕ 近代女性史*
㉖ 冤罪・狭山事件*
㉗ 民法
㉘ 日本の警察
㉙ エントロピー
㉚ インスタントアート

㉛ 大杉栄*
㉜ 吉本隆明
㉝ 家族
㉞ フランス革命
㉟ 三島由紀夫
㊱ イスラム教
㊲ チャップリン
㊳ 差別
㊴ アナキズム*
㊵ 柳田国男
㊶ 非暴力
㊷ 右翼
㊸ 性
㊹ 地方自治
㊺ 太宰治
㊻ エイズ
㊼ ニーチェ
㊽ 新宗教
㊾ 観音経
㊿ 日本の権力
51 芥川龍之介
52 ライヒ
53 ヤクザ
54 精神医療
55 部落差別と人権
56 死刑
57 ガイア
58 刑法
59 コロンブス
60 総覧・地球環境

61 宮沢賢治
62 地図
63 歎異抄
64 マルコムX
65 ユング
66 日本の軍隊(上巻)
67 日本の軍隊(下巻)
68 マフィア
69 宝塚
70 ドラッグ
71 にっぽん NIPPON
72 占星術
73 障害者
74 花岡事件
75 本居宣長
76 黒澤明
77 ヘーゲル
78 東洋思想
79 現代資本主義
80 経済学入門
81 ラカン
82 部落差別と人権Ⅱ
83 ブレヒト
84 レヴィ-ストロース
85 フーコー
86 カント
87 ハイデガー
88 スピルバーグ
89 記号論
90 数学

91 西田幾多郎
92 部落差別と宗教
93 司馬遼太郎と
　「坂の上の雲」
94 六大学野球
95 神道(Shintoism)
96 新選組
97 チョムスキー
98 ヤマトタケル
99 住基ネットと人権
100 ユダヤ教
101 ハンナ・アーレント
102 誤解だらけの
　　個人情報保護法
103 北一輝の革命
104 民俗学の愉楽

*品切